U0507421

读书架【双色版】

中国历史年表

冯慧娟◎主编

辽宁美术出版社

图书在版编目（CIP）数据

中国历史年表 / 冯慧娟主编 . — 沈阳 : 辽宁美术
出版社 , 2017.12（2019.6 重印）
（全民阅读书架）
ISBN 978-7-5314-7855-3

Ⅰ . ①中… Ⅱ . ①冯… Ⅲ . ①中国历史—历史年表
Ⅳ . ① K208

中国版本图书馆 CIP 数据核字 (2017) 第 310595 号

出 版 社：辽宁美术出版社
地　　址：沈阳市和平区民族北街 29 号　邮编：110001
发 行 者：辽宁美术出版社
印 刷 者：北京一鑫印务有限责任公司
开　　本：787mm×1092mm　1/32
印　　张：5
字　　数：100 千字
出版时间：2017 年 12 月第 1 版
印刷时间：2019 年 6 月第 5 次印刷
责任编辑：童迎强
装帧设计：新华智品
责任校对：郝　刚
ISBN 978-7-5314-7855-3

定　　价：29.80 元

邮购部电话：024-83833008
E-mail：lnmscbs@163.com
http：//www.lnmscbs.cn
图书如有印装质量问题请与出版部联系调换
出版部电话：024-23835227

前言|FOREWORD

　　中华五千年历史源远流长。据考证，早在距今约170万年前，人类就已经在中华大地上繁衍生息了。历经旧石器时代、新石器时代和传说中的五帝时期，中华文明继续前行，夏朝、商朝、西周、东周、秦朝、西汉、东汉、三国、西晋、东晋十六国、南北朝、隋朝、唐朝、五代、辽宋夏金、元朝、明朝和清朝等王朝先后兴起、强盛，然后盛极而衰。在这漫长的历史时期中，中华民族以不屈不挠的顽强意志和勇于探索的聪明才智，书写了一幅幅波澜壮阔的历史画卷，创造了灿烂夺目的物质文明与精神文明，也留下了无数值得后人借鉴和深思的经验教训。

　　人们常说：历史是一面镜子。面对浩如烟海的中华五千年历史，繁忙的现代人如何才能在短时间

前言|FOREWORD

内掌握更多历史知识，了解那些影响历史进程的重大事件，汲取更多营养呢？为此，编者在广泛收集资料、仔细甄选史料、科学安排版面的基础上，精心编撰了这本《中国历史年表》。

本书内容丰富全面，囊括了从远古时期到明清各个时期的重大事件、重要人物和历史概念，内容涵盖政治、军事、经济、文化等各方面，力求为读者展现历史之全貌。为方便读者查阅、检索，本书以时间为脉络，采用公元纪年和帝王纪年并列的方式逐年进行编排。在语言叙述上，本书遵循"简洁、精准"的原则，力争用最通俗易懂、最准确的文字传达最有效的信息，使读者一目了然。

目录
CONTENTS

远古时期

夏商周

秦汉

目录
CONTENTS

三国两晋南北朝

隋唐五代

宋元

明清

远古时期

旧石器时代

（距今约300万—约1万年）

　　旧石器时代是以使用打制石器为标志的人类物质文化发展阶段，时间上从距今约300万年前开始，延续到距今约1万年前。元谋人、蓝田人、北京人等都是出现在这一漫长的历史阶段。

◆ **距今约300万—200万年**

　　黄河流域尚未形成，黄土高原上还遍布着森林和草原。

◆ **距今约170万年**

　　元谋人。20世纪60年代，考古学家在中国云南省元谋县发现了两颗人类牙齿化石。经科学鉴定推测，它们距今大约有170万年，地质年代属更新世早期，人种为直立人。这是已知在中国境内发现的最早的人类遗迹。

◆ **距今约115万—70万年**（一说距今80万年）

　　蓝田人。蓝田人遗址于1964年在陕西省蓝田县境内发现。其地质年代属更新世中期，人种为直立人。

◆ **距今约70万—20万年**

　　北京人。其遗址在今北京西南周口店龙骨山的洞穴中。其地质年代属更新世中期，为直立人。从挖掘出的物件推知，北京人已经学会打制简单的石器工具，还有了较为简单的雕刻器、石锥等。北京人已经学会了使用天然火。

◆ **距今约3万年**

山顶洞人。其遗址在今北京周口店龙骨山的洞穴上部，这些远古人类已经具有了明显的黄种人的体态特征。山顶洞人不仅会人工取火，而且能够制造骨针等工具。山顶洞人过着氏族公社的群居生活，处于母系氏族早期。

◆ **距今约1万年**

人类处于中石器时代，这是旧石器时代向新石器时代过渡的阶段。石器制造开始向细化发展，制造方法大量采用间接打击方法和压削法。人类发明了弓箭，并学会了驯化狗。

新石器时代

（约公元前7000—前2000年）

　　新石器时代在考古学上被认为是石器时代的最后一个阶段，它是以使用磨制石器为标志的人类物质文化发展阶段，大约从公元前7000年开始，延续到公元前2000多年。河姆渡文化和半坡文化是这一阶段具有典型代表意义的文化。

◆ **约公元前7000年**

　　农业出现，人类发明制造出了耒耜等农业生产工具，农业逐渐进入了耜耕阶段。

◆ **约公元前7000—前6000年**

　　淮河上游稻作农业与渔业、畜牧业共同发展，这是同期栽培稻作的最北地区。

　　骨、陶、石上出现了契刻符号，可能与汉字的雏形有关。

　　这一时期出现了七孔骨笛。

◆ **约公元前5500—前4800年**

　　磁山文化、裴李岗文化、李村文化皆属于华北早期新石器文化，同时也是仰韶文化的前身。

◆ **约公元前5000—前4000年**

河姆渡文化。河姆渡文化遗址地处浙江省余姚市河姆渡村，主要分布在宁绍平原，是长江下游的新石器时代较早的代表。此时已经出现了定居农业，人类会纺织，会积存稻谷，还能够建筑大型木结构房屋、打造水井等。在手工技术方面，能够烧制黑陶和使用生漆。

◆ **约公元前4800—前4300年**

半坡文化。半坡文化遗址地处陕西西安半坡村，是黄河流域新石器时代较早的代表，也是北方农耕文化的典型代表。半坡文化时期已经形成了较为发达的粟作农业。居民还会种植粟和蔬菜，会饲养猪、狗、鸡，兼营狩猎、捕鱼，制造红陶和彩陶器皿，还会制革、纺织，制造石器和骨器等。

◆ **约公元前4800—前2900年**

仰韶文化。仰韶文化遗址集中分布在关中、晋南、豫西一带。经过上千年的发展，在公元前3500年左右进入繁荣时期。它属于锄耕文化，兼营渔猎。农业耕种以粟为主，也有黍、稻。饲养猪、鸡。制陶技术发展成熟，彩陶尤为发达。

◆ **约公元前4000—前3000年**

红山文化。因最早发现于内蒙古自治区赤峰市郊的红山后遗址而得名。其北界越过西拉木伦河，东界达下辽河西岸，南界东段达渤海沿岸，西段抵华北平原。红山文化早期仍为母系氏族社会，晚期逐渐向父系氏族社会过渡。

其经济形态以农业为主，兼以牧、渔、猎。

◆ **约公元前3300—前2200年**

良渚文化。良渚遗址主要分布在太湖流域，出土有稻谷、玉器、纹刻黑陶等，尤以琮、璧类玉器最为精美。

传说中的五帝时期

（约公元前3000—前2000年）

◆ **黄帝时期**

　　轩辕即黄帝，姓姬，居于轩辕之丘，故名曰轩辕。轩辕联合炎帝与东夷集团九黎族首领蚩尤战于涿鹿之野，蚩尤战败被杀。涿鹿之战促进了各氏族部落的融合。取得这场战役胜利的部落首领黄帝被尊为中华民族的共同祖先。

　　相传公元前2697年为黄帝纪元元年。黄帝死后，颛顼为帝，此后又历帝喾、尧、舜。

黄帝

◆ **颛顼时期**

　　相传颛顼是黄帝之孙，昌意之子，居帝邱（今河南省濮阳东南），号高阳氏。颛顼曾命其孙重任南正之官，掌管祭祀天神；命重的弟弟黎任火正（一作北正）之官，掌管民事。

◆ **帝喾时期**

　　帝喾是黄帝的曾孙，因辅佐颛顼帝有功，被封于高辛

（今河南省商丘市南高辛），故又称高辛氏。他在位七十年，天下大治，人民安居乐业。

◆ 帝尧时期

帝尧是帝喾之子，姓伊祁，名放勋，初封于唐，故史称唐尧。相传尧曾命羲和观测天象，并制定出了历法，以三百六十六天为一年来计算，置闰月以正四时。帝尧时期又是传说中的洪水时期。洪水肆虐，尧命鲧前去治理，九年却不成。

◆ 帝舜时期

帝舜，也称虞舜，黄帝的八世孙。尧晚年时，将帝位禅让给贤能的舜。舜在位时，选贤任能，并按照职责划分级别；他还统一历法，用以指导农时。

夏商周

夏

（公元前2070—前1600年）

　　夏朝是中国史书上记载的第一个世袭王朝。从夏朝开始，王位的世袭制取代了禅让制度，夏朝共传14代17王，历时471年。

◆ 约公元前2205—前2198年

　　大禹为了治水，三过家门而不入，变"堵"为"疏"，洪水大治，遂被推举为舜的助手，继而成为部落联盟首领。其在位期间，于涂山会盟诸侯，铸九鼎，画九州，做禹刑。

◆ 公元前2070年

　　禹死后，禹之子启承袭禹之帝位，建立夏朝。有扈氏不服，启兴兵讨伐之，在甘展开大战，有扈氏被灭。随后，启会盟各邦国首领于钧台。

◆ 约公元前1988—前1979年

　　太康继承父亲启之王位，但却不理民事，一味嗜好打猎。东夷有穷氏首领羿趁机占据夏都，太康不得归而卒，史称"太康失国"。

　　仲康死后，其子相继位，迁都帝丘（今河南濮阳西南）。后羿的宠臣寒浞攻杀羿，自立为王。相逃走，后被杀，夏祀中断。

◆ 约公元前1938—前1933年

相的遗腹子少康得到有虞氏相助，攻杀寒浞父子，回阳翟复国，政事太平，国家大治，史称"少康中兴"。

◆ 公元前1600年

夏的末代君王夏桀荒淫暴虐，横征暴敛，最终，商国之君汤率诸侯讨伐夏桀，双方战于鸣条，夏朝灭亡。

商
（公元前1600—前1046年）

商朝是夏朝灭亡后由汤建立的，初定都于亳（今河南商丘）。在建立之后的一百多年间，商朝政局常常发生动荡，因此商王曾多次迁都。商朝处于奴隶制的鼎盛时期，前后共传17代31王，延续近600年时间。

◆ **公元前1600年**

商汤于景亳会盟诸侯，登天子之位，商朝由此建立，定都于亳。

◆ **公元前1300年**

盘庚将都城迁到殷（今河南安阳小屯村附近）。殷墟遗址即是商朝后期的都城遗址。殷墟遗址中大量甲骨上所刻的早期文字——甲骨文，是迄今为止在中国范围内发现的最早的文字，具有极其重要的研究价值。

◆ **公元前1250—前1192年**

此期为武丁执政阶段。武丁任用工匠出身的傅说、甘盘等贤能之士辅政，国家得以大治。

武丁时期，青铜铸造业发达，出现了带鼓风装置的熔炉，当时浑铸法与分铸法并用。

◆ **公元前1075年**

帝辛继位，帝辛就是历史上有名的暴君纣王。

◆ **公元前1046年**

纣王统治暴虐，好酒淫乐，拒纳谏言。文王之子武王姬发兴兵伐纣，双方在牧野开战。纣王将士纷纷倒戈，纣王最终于鹿台自焚，商朝由此灭亡。

商汤

西周

（公元前1046—前771年）

　　周文王之子周武王姬发灭商以后，建立周朝，定都于镐京（今陕西省西安市长安区西北）。周朝后来将都城东迁至洛邑（今河南洛阳），称之为东周，故而之前这一阶段被称为西周。西周共传11代12王，历时275年。

◆ 公元前1046年

　　周朝建立。周初，武王置三监，管理都城的三个封区。另外还在全国分封了七十一个诸侯国，其中姬姓就占了五十三个。

◆ 公元前1042—前996年

　　周成王年幼即位，由周公辅政。成王时营建东都洛邑（成周），迁徙殷朝遗民。成王成年后，周公还政。成王死后，周康王继位，勤于政事，天下安定，后世誉之为"成康之治"。

◆ 公元前841年　周共和元年

　　周厉王暴虐专权，国人怨谤厉王，动辄引来灾祸，由此引发"国人暴动"。厉王被逐，出逃到彘。国无主，于是，召公、周公二相共同执政，号曰"共和行政"。此年即是中国历史上有确切纪年的开始。

◆ 公元前828年　周共和十四年

厉王于彘驾崩，召公、周公遂结束共和执政局面，立太子静为王，这便是周宣王。

◆ 公元前824年　周宣王四年

周宣王派遣秦仲征伐西戎，结果秦仲反被西戎所杀。于是宣王征召秦仲之子秦庄公伐西戎，大获全胜。

◆ 公元前797年　周宣王三十一年

宣王错误地夸大自己的力量而轻视外族的实力，继续奉行军事征服政策，举兵攻打太原之戎，结果以失败而告终。

◆ 公元前789年　周宣王三十九年

宣王举兵征伐姜氏之戎，双方在千亩展开激战，周师元气大伤，从此一蹶不振。

◆ 公元前771年　周幽王十一年

周幽王偏宠褒姒，废掉太子宜臼及其生母申后，申后的父亲申侯一怒之下，联合缯、西夷犬戎攻打周幽王。幽王举烽火征兵，兵莫至。最终周幽王失信身亡，被杀

周宣王

于骊山之下，西周由此灭亡。申侯、鲁侯及许文公立平王（太子宜臼）于申，而虢公翰则立王子余臣于携，周朝出现二王并立局面。

东周

春秋（公元前770—前476年）

　　东周是相对西周而言的。从周王室东迁至洛邑，一直到周王朝灭亡，这一历史阶段被称为东周。东周共传25王，历时515年，最后为秦所灭。东周又可以划分为两个阶段：前一个阶段，从公元前770年到前476年，诸侯争相称霸，持续了二百多年，称为"春秋时代"；后一个阶段，在原来诸侯吞并的基础上，剩余的七个诸侯大国继续征伐兼并，称之为"战国时代"。

◆ **公元前770年　周平王元年**
　　周平王将都城由镐京东迁至洛邑（今洛阳），由此历史进入东周时期。东周又分为春秋和战国两个阶段。

◆ **公元前760年　周平王十一年**
　　晋文侯谋杀携王余臣，二王并立的局面结束，周王室得以统一。

◆ **公元前753年　周平王十八年**
　　秦初设史官"太史令"一职专门记事。

◆ **公元前750年　周平王二十一年**
　　秦文公征伐戎，大破之。文公将周遗民收纳在内。秦的势力范围到达岐，岐以东献于周。

◆ **公元前722年　周平王四十九年**

　　鲁国编年史《春秋》记事即是由这一年开始。

◆ **公元前707年　周桓王十三年**

　　这年秋，蔡、卫、陈之师在桓王率领下征伐郑国，在繻葛展开大战，周师败绩。

◆ **公元前704年　周桓王十六年**

　　夏，楚国征伐随国，打败随。楚熊通自立为楚武王。楚开辟濮地（今汉寿县或洞庭地区）并将其划归到自己的势力范围。

◆ **公元前689年　周庄王八年**

　　楚开始以郢（今湖北江陵西北）作为自己的都城。

◆ **公元前685年　周庄王十二年**

　　齐国公子小白即位，小白即齐桓公。他任用公子纠的旧臣管仲为相。管仲力主改革，将全国人口按照职业划为士、农、工、商四民，并分开居住。

齐桓公

◆ **公元前684年　周庄王十三年**

　　春，齐桓公出师伐鲁，战于长勺（今山东莱芜东北，一说曲阜北），齐国大败。

◆ **公元前681年　周釐王元年**

　　春，齐桓公始召集宋、陈、蔡、邾之君会盟于北杏（今山东东阿县北）。

◆ **公元前679年　　周釐王三年**

春，齐桓公会宋桓公、陈寅公、卫惠公、郑厉公于鄄（今山东鄄城北）。齐国开始称霸。同年，周釐王派虢公命令曲沃伯建立一军，曲沃伯由此成为晋国国君。

◆ **公元前677年　　周釐王五年**

秦将都城迁徙到雍。

◆ **公元前675年　　周惠王二年**

周芳国、边伯等五大夫驱逐周惠王，另立王子颓为周王。

◆ **公元前673年　　周惠王四年**

夏，郑国、虢国一齐讨伐王子颓，王子颓被杀。周惠王因此得以复位。

◆ **公元前664年　　周惠王十三年**

冬，山戎侵伐燕国，燕国向齐国求救。齐桓公派兵救燕，讨伐山戎。

◆ **公元前660年　　周惠王十七年**

冬，狄人侵伐卫国，杀卫懿公。

◆ **公元前658年　　周惠王十九年**

夏，晋假道于虞征伐虢国，攻下虢国都城下阳。虢国遂将都城迁至上阳。

◆ **公元前656年　　周惠王二十一年**

齐桓公率领诸侯之师征伐楚国，于召陵和楚国会盟。

◆ 公元前655年　周惠王二十二年

晋国再次假道虞国而征伐虢国，先后灭掉虢、虞两国。

◆ 公元前651年　周襄王元年

九月，齐桓公召集诸侯在葵丘会盟，史称"葵丘会盟"。

◆ 公元前649年　周襄王三年

夏，襄王弟太叔带召杨拒、泉皋、伊雒之师攻伐王城，秦、晋举兵救周。

◆ 公元前645年　周襄王七年

秦、晋在韩原大战，晋败秦胜。秦擒获晋惠公还师。晋国实施"作爰田，作州兵"的改革举措。

◆ 公元前638年　周襄王十四年

十一月，宋、楚两军在泓展开大战，楚胜。

◆ 公元前636年　周襄王十六年

春，重耳成为晋国国君，重耳即晋文公，成为春秋五霸之一。

秋，太叔带以狄人之师攻占洛阳，襄王逃奔至郑国。

◆ 公元前635年　周襄王十七年

四月，晋文公于王城接纳周襄王，杀太叔带。

◆ 公元前633年　周襄王十九年

冬，晋国设置三军以伐曹，分别为上军、中军、下军。

◆ 公元前632年　　周襄王二十年

　　四月，城濮之战爆发。晋国联合齐、宋、秦三国之师于城濮打败楚国。周襄王命晋文公为侯伯，晋文公于践土会盟诸侯。

◆ 公元前627年　　周襄王二十五年

　　四月，晋国联合姜戎在殽之地打败秦师。

◆ 公元前625年　　周襄王二十七年

　　二月，晋、秦两军在彭衙对战，秦师败绩。

◆ 公元前624年　　周襄王二十八年

　　夏，秦军渡过黄河攻打晋国，夺取王宫邑（今山西闻喜县南）。

◆ 公元前623年　　周襄王二十九年

　　秦军攻伐西戎，益国十二，开地千里，遂霸西戎。

◆ 公元前606年　　周定王元年

　　春，楚庄王攻打陆浑之戎（在今河南嵩县及伊川县境），至雒，在周的边界上阅兵示威，妄图夺取天下。

◆ 公元前597年　　周定王十年

　　六月，晋、楚两军在邲开战，晋师败绩。此役史称"邲之战"。

◆ 公元前594年　　周定王十三年

　　秋，鲁国开始实行"初税亩"制度。

◆ 公元前588年　　周定王十九年

　　十二月，晋作六军，有僭越之意。

◆ 公元前575年　　周简王十一年

　　六月，晋、楚之师战于鄢陵，楚师败绩。这即是历史上的"鄢陵之战"。

◆ 公元前562年　　周灵王十年

　　正月，鲁国季武子作三军，由孟孙、叔孙、季孙三氏各统帅一军。

◆ 公元前551年　　周灵王二十一年

　　这一年，孔子在鲁国出生。

◆ 公元前548年　　周灵王二十四年

　　冬，楚国的蒍掩改革军赋制度。

◆ 公元前546年　　周灵王二十六年

　　七月，宋大夫向戌倡求和罢战，邀请晋、楚等国在宋国会盟。

◆ 公元前543年　　周景王二年

　　十月，郑国子产为相，辅助国君治国。

◆ 公元前538年　　周景王七年

　　秋，郑国在子产的主持下"作丘赋"。

◆ 公元前537年　　周景王八年

　　正月，鲁国三桓季孙、叔孙、孟孙四分公室，季氏居其二，叔孙、孟孙各占其一。

◆ 公元前532年　　周景王十三年

　　五月，齐国陈桓子驱逐栾氏、高氏，陈氏势力由此开始壮大。

楚公子弃疾杀兄即位

◆ **公元前529年　周景王十六年**

四月，楚公子比自晋国回到楚国，弑其君虔于干溪。楚公子弃疾杀公子比，弃疾即位，弃疾即楚平王。

七月，晋国发动千辆战车在邾南之地驻军练兵。

八月，诸侯在平丘会盟，晋国企图建立自己的霸主地位。

◆ **公元前520年　周景王二十五年**

周景王驾崩，王子猛继位，但王子朝与猛争夺王位，并杀死了猛。之后王子匄开始执政，王子匄即为周敬王。

◆ **公元前517年　周敬王三年**

鲁国三桓将昭公驱逐出去，昭公逃亡到了齐国。

◆ **公元前516年　周敬王四年**

冬，晋师帮助周敬王讨伐王子朝，王子朝等带着周王室的大量文献典籍逃往楚国。

◆ **公元前514年　周敬王六年**

吴王阖闾召伍子胥为行人，由其辅政。在伍子胥的主持下，吴国都城建成。

◆ **公元前506年　周敬王十四年**

十一月，吴、楚两军战于柏举，楚军大败。随后不久，吴师入郢。

◆ **公元前505年　周敬王十五年**

六月，楚国大夫申包胥凭借秦国之师救楚，吴师败绩。

◆ **公元前496年　　周敬王二十四年**

　　五月，吴、越两军战于檇李，吴国战败。

◆ **公元前494年　　周敬王二十六年**

　　春，吴、越两军战于夫椒，越国大败。越王勾践只剩下甲楯五千，退保会稽。

◆ **公元前493年　　周敬王二十七年**

　　八月，晋国正卿赵鞅临阵誓师，与郑师战于铁，郑败。

◆ **公元前486年　　周敬王三十四年**

　　秋，吴国迁都于邗，并开凿邗沟，由此沟通江淮之地。

◆ **公元前484年　　周敬王三十六年**

　　五月，齐、吴两军师战于艾陵，齐师败绩。

◆ **公元前482年　　周敬王三十八年**

　　七月，吴王夫差在黄池会盟诸侯。

◆ **公元前479年　　周敬王四十一年**

　　是年，孔子卒。鲁国《春秋》记事亦止于这一年。

◆ **公元前476年　　周敬王四十四年**

　　冬，周敬王卒，春秋时期由此结束。

东周

战国（公元前475—前221年）

春秋以后，历史进入了七国争雄的战国时代。战国时代指的是从公元前475年至公元前221年这一历史阶段。战国时代的主体时间段处于东周末期，它是华夏历史上分裂对抗严重且持久的时代之一。

◆ **公元前475年　周元王元年**

周敬王子姬仁即位，是为周元王。中国历史进入了战国时期。

◆ **公元前473年　周元王三年**

这年冬，越国灭掉吴国，越王勾践在徐州会盟齐、晋诸侯，向周王室纳贡。

◆ **公元前468年　周贞定王元年**

八月，鲁国三桓季孙氏、叔孙氏、孟孙氏联合攻打鲁哀公。

◆ **公元前453年　周贞定王十六年**

晋国的赵、韩、魏三家联合起来，灭掉了智氏，并三分智氏领地。

◆ **公元前445年　周贞定王二十四年**

魏文侯即位，任用李悝辅政，积极推行变法。

◆ **公元前441年　周贞定王二十八年**

贞定王卒，长子去疾继位，去疾即周哀王。哀王执政三个月后，弟姬叔杀哀王并取而代之，姬叔即周思王。思王执政五个月后，少弟嵬杀思王并取而代之，是为考王。

◆ **公元前391年　周安王十一年**

齐国国相田和将国君齐康公放逐到海上，只留一城之地作为他的食邑，于是田和便成为了齐国实际上的国君。

◆ **公元前381年　周安王二十一年**

楚悼王卒。不久，楚悼王所任用的令尹吴起因积极推行变法而被杀。

◆ **公元前375年　周烈王元年**

秦推出"户籍相伍"制度。

◆ **公元前356年　周显王十三年**

秦孝公时，商鞅在秦国积极推行变法。

◆ **公元前353年　周显王十六年**

魏师拔赵都邯郸。齐师救赵，败魏师于桂陵。

◆ **公元前350年　周显王十九年**

秦将都城迁徙到咸阳，将小邑并入大县，同时还"废井田，开阡陌"。

◆ **公元前344年　周显王二十五年**

魏国率先称王，魏惠王在逢泽会盟诸侯，一同朝见周王室。

◆ **公元前341年　　周显王二十八年**

魏国攻打韩国，韩国向齐国求救，于是齐军出兵，并在马陵之地打败了魏军。史称"马陵之战"。

◆ **公元前328年　　周显王四十一年**

秦国设立相国之位，任用张仪为相。

◆ **公元前320年　　周慎靓王元年**

齐威王卒，子宣王即位。宣王执政期间，齐国稷下学士"数百千人"，达到全盛。

◆ **公元前318年　　周慎靓王三年**

魏、赵、韩、燕、楚五国联合攻打秦国。秦军在函谷关迎战，大获全胜。

◆ **公元前317年　　周慎靓王四年**

秦国在修鱼（今河南原阳西南）一带打败韩、赵、魏之师。

◆ **公元前314年　　周赧王元年**

燕国内乱，齐匡章趁机而入，打败燕国，并杀死子之和燕王哙。

◆ **公元前312年　　周赧王三年**

秦军攻打楚国，在丹阳之地大破之。

◆ **公元前309年　　周赧王六年**

秦国初设丞相之职，以樗里疾、甘茂为左、右丞相。

◆ **公元前307年　　周赧王八年**

赵武灵王开始推行"胡服骑射"的政策。

◆ 公元前299年　周赧王十六年

楚怀王受骗入秦，被秦王扣留。楚人立太子为王，即楚顷襄王。

◆ 公元前284年　周赧王三十一年

燕国大将乐毅率领燕、赵、秦、韩、魏五国之师讨伐齐国，攻入齐国都城临淄。

◆ 公元前278年　周赧王三十七年

秦将白起攻破楚国都城郢，楚顷襄王退守于陈城。

◆ 公元前273年　周赧王四十二年

赵、魏联合攻打韩国，秦对韩出手相救，在华阳打败了赵、魏之师。

长平之战

◆ **公元前266年　周赧王四十九年**

范雎入秦并担任秦相，开始辅助秦王治国。

◆ **公元前260年　周赧王五十五年**

秦将白起于长平打败赵军，即历史上有名的"长平之战"。

◆ **公元前257年　周赧王五十八年**

魏国信陵君魏无忌前往救赵，邯郸之围遂解。

◆ **公元前256年　周赧王五十九年**

秦国灭王西周。周赧王卒，秦从周王室取得九鼎宝器。

◆ **公元前251年　秦昭襄王五十六年**

燕国攻打赵国，赵将廉颇勇猛退敌。

◆ **公元前247年　秦庄襄王三年**

五月，秦庄襄王卒，其子赵政确立王位。

◆ **公元前246年　秦王政元年**

秦王政即王位，年仅十三岁。尊吕不韦为仲父。

◆ **公元前238年　秦王政九年**

四月，秦王政亲自治理国事。逢长信侯嫪毐叛乱，秦王平之，将其处以极刑。

◆ **公元前233年　秦王政十四年**

秦将桓齮攻赵，为赵将李牧所败于肥。

◆ **公元前231年　秦王政十六年**

秦初令男子"书年"，即把男子的年龄登著名籍。

◆　公元前230年　　秦王政十七年

　　秦将内史腾攻打韩国，俘虏了韩王安，所得韩地置为颍川郡，韩国灭亡。

◆　公元前228年　　秦王政十九年

　　秦将王翦攻打赵国，俘虏了赵王迁。赵公子嘉逃至代（今河北蔚县东北）郡，自立为代王。

◆　公元前227年　　秦王政二十年

　　荆轲奉燕太子丹之命出使秦国，行刺秦王不成而被杀。

◆　公元前225年　　秦王政二十二年

　　秦将王贲攻打魏国，俘虏了魏王假，魏国灭亡。

◆　公元前223年　　秦王政二十四年

　　秦将王翦攻破楚国，俘虏楚王负刍，楚国灭亡。

◆　公元前222年　　秦王政二十五年

　　秦将王贲攻打燕都辽东，俘虏燕王喜，燕国亡。同年，王贲攻代，俘虏代王嘉，代亡。不久齐国灭亡，战国纷争的局面结束。

秦汉

秦

（公元前221—前206年）

　　战国末期，秦王嬴政陆续灭掉六国，而后建立了中国历史上第一个统一的中央集权的封建王朝——秦。秦定都咸阳，第一代君主即为秦始皇嬴政。秦是中国历史上显赫一时的王朝，但也是最短命的王朝，从兴起到灭亡，前后不过15年而已，但它对中国历史的发展有着重要的意义。

◆ 公元前221年　秦始皇二十六年

　　秦王嬴政建立中国历史上第一个封建统一王朝——秦，定都咸阳。

◆ 公元前220年　秦始皇二十七年

　　秦在全国范围内修筑驰道，东达于燕、齐，南抵至吴、楚。

◆ 公元前219年　秦始皇二十八年

　　秦始皇巡行东方，封禅泰山，并刻石以颂秦业。封禅仪式始兴。

◆ 公元前216年　秦始皇三十一年

　　秦"令黔首自实田"，即让百姓以实际占有土地的数额向上呈报。

◆ **公元前215年　秦始皇三十二年**

　　大将蒙恬领兵三十万北攻匈奴。

◆ **公元前214年　秦始皇三十三年**

　　蒙恬败匈奴，掠取河南地（今内蒙古河套南鄂尔多斯一带），然后筑长城以抵御北方匈奴。同年，秦攻取南越腹地陆梁，设置桂林、南海、象郡三郡。

◆ **公元前213年　秦始皇三十四年**

　　秦始皇采纳丞相李斯的建议，下令禁私学，焚毁《诗》《书》等书籍。

◆ **公元前212年　秦始皇三十五年**

　　秦始皇下令活埋造谣的方士、儒生，四百六十余人受牵连被害。另外，秦征发七十万隐宫、徒刑之人建造阿房宫和骊山陵。

◆ **公元前210年　秦始皇三十七年**

　　七月，秦始皇在巡游途中病死在沙丘，后被葬于骊山。秦始皇死后，丞相李斯、宦官赵高共立秦始皇少子胡亥为帝，胡亥即秦二世。

◆ **公元前209年　秦二世元年**

　　七月，陈胜、吴广在蕲县大泽乡起义，不久即攻入陈，陈胜称王，号张楚。

　　九月，刘邦在沛（今江苏丰县）起兵，称沛公。项梁与其侄项羽在吴起兵。齐、赵、燕、魏等六国后裔纷纷效仿。

◆ 公元前207年　秦二世三年

项羽领兵渡过漳河前往救赵，在巨鹿大败秦军，史称"巨鹿之战"。

赵高杀二世胡亥以自保，扶立子婴，贬号为秦王。次年，刘邦灭秦，秦王朝就此结束。

西汉

（公元前206—25年）

　　西汉是秦之后建立的大一统的封建王朝，它与东汉合称汉朝。在西汉政权正式建立之前，即公元前206—前202年，这是楚汉相争的阶段，其结果是刘邦挫败项羽而取胜。公元前202年2月，刘邦称皇帝，国号汉，史称西汉，定都长安（今陕西省西安市西北）。公元9年1月，王莽篡位，自立为皇帝，改国号为新，西汉政权灭亡。西汉共有14帝，历经211年。公元9—23年为王莽新朝时期，但王莽新朝仅仅维持了15年就退出了历史的舞台。

◆ **公元前206年　　汉高祖元年**

　　项羽自立为西楚霸王，刘邦封为汉王。双方为争夺政权进行了大规模战争。史称"楚汉战争"。

　　十月，刘邦首先进驻霸上，废除秦朝苛法，与关中父老"约法三章"。

　　十二月，项羽大摆鸿门宴宴请刘邦，席间刺杀刘邦未果。

◆ **公元前202年　　汉高祖五年**

　　二月，刘邦称帝，建立西汉政权，定都洛阳。刘邦即为汉高祖。

十二月，项羽遭到刘邦垓下之围，项羽突围逃奔至乌江，于江边自刎而死。

◆ **公元前201年　汉高祖六年**

匈奴围攻马邑（山西省朔县），韩王信投降匈奴。

◆ **公元前200年　汉高祖七年**

二月，西汉迁都至长安。

十月，汉高祖亲往平城攻击匈奴，但却被匈奴围困在白登。七天七夜方得脱。史称"白登之围"。

◆ **公元前198年　汉高祖九年**

汉高祖将一宫女所生女儿赐为大公主，许配给单于，汉与匈奴和亲，并互通关市。

◆ **公元前196年　汉高祖十一年**

高祖刘邦派遣陆贾出使南越，说服赵佗归顺并加封其为南越王。

◆ **公元前195年　汉高祖十二年**

四月，汉高祖刘邦驾崩。皇太子刘盈继位，刘盈即西汉惠帝。

◆ **公元前193年　汉惠帝二年**

七国之乱

相国萧何死后，曹参代理相国之位。曹参沿袭萧何旧制，政事治理井然有序。这即是历史上有名的"萧规曹随"。

◆ **公元前192年　汉惠帝三年**

　　西汉加封闽越君驺摇为东海王，其都城定在东瓯（今浙江温岭，一说今温州）。

◆ **公元前188年　汉惠帝七年**

　　八月，汉惠帝驾崩。太子恭继位，刘恭即汉少帝。高皇后吕氏临朝称制。

◆ **公元前184年　汉高后四年**

　　四月，吕后谋杀少帝篡朝。

　　五月，吕后扶持恒山王刘义为帝，刘义称帝后改名弘。

◆ **公元前180年　汉高后八年**

　　七月，吕后死。刘氏宗室联合周勃、陈平平定"吕氏之乱"，之后扶持高帝之子代王恒为帝，刘恒即汉太宗孝文皇帝。

◆ **公元前167年　汉文帝十三年**

　　五月，废除肉刑，代之以笞刑。

　　六月，免租税，实行"轻徭薄赋"的政策。

◆ **公元前157年　汉文帝后元七年**

　　六月，汉文帝驾崩。皇太子启继位，刘启即孝景帝。

◆ **公元前156年　汉景帝元年**

　　五月，恢复收取百姓之田半租，改汉初十五税一为三十税一，作为定制实行至汉末。

◆ 公元前154年　汉景帝三年

正月，吴、楚等七诸侯王起兵叛乱，史称"吴楚七国之乱"。不久即被平定。

◆ 公元前141年　汉景帝后元三年

正月，汉景帝驾崩。皇太子刘彻继位，是为汉武帝。汉文帝和汉景帝统治时期，提倡"轻徭薄赋，与民休息"，社会经济持续发展，呈现出盛世局面，史称"文景之治"。

◆ 公元前140年　汉武帝建元元年

董仲舒参加"对策"，请求废除刑名，提倡儒学。

◆ 公元前134年　汉武帝元光元年

初令郡国举孝、廉各一人，察举制确立。

◆ 公元前133年　汉武帝元光二年

六月，汉武帝任命韩安国为护军将军，护卫李广等四位将军领兵，一共出动将士三十余万，诱击匈奴，未成。

◆ 公元前130年　汉武帝元光五年

正月，汉武帝派唐蒙出使夜郎国，设置犍为郡（今四川乐山市犍为县）；又派司马相如等出使邛、筰、斯榆等地，设置十余县。

◆ 公元前127年　汉武帝元朔二年

春，匈奴进入上谷、渔阳。汉武帝派遣卫青等退敌，驱逐了匈奴白羊王和楼烦王，夺取河南地并设置了朔方郡。汉武帝还采纳主父偃之策，开始颁行"推恩令"。

◆ **公元前124年 汉武帝元朔五年**

春，匈奴右贤王屡次侵扰北方。汉武帝派遣卫青等领十余万精兵退敌，取得胜利。

◆ **公元前121年 汉武帝元狩二年**

三月，骠骑将军霍去病率领万余士兵击退匈奴。

夏，霍去病率三万骑再次击敌，占据河西（今河西走廊及湟水流域）地区的匈奴部。

秋，匈奴浑邪王杀死休屠王，携其部四万余人投降汉朝。汉室将匈奴降者迁徙并安置于五属国内，并派遣了都尉来监护各属国。

◆ **公元前119年 汉武帝元狩四年**

春，卫青、霍去病各自率领五万精兵分道抗击匈奴。霍去病追敌两千余里，夺敌首级七万余。大获全胜之后，霍去病登狼居山，筑坛祭天。此后，匈奴远迁漠北，漠南无主。

是年，汉武帝设置盐官、铁官，实施盐铁管营的政策。

◆ **公元前118年 汉武帝元狩五年**

汉武帝实施币制改革，废三铢钱，改铸五铢钱。

◆ **公元前115年 汉武帝元鼎二年**

张骞出使匈奴回汉，中原与西域之路打通，丝绸之路逐步形成。

◆ **公元前114年 汉武帝元鼎三年**

汉武帝下达"告缗令"，由杨可主其事。

◆ **公元前113年　汉武帝元鼎四年**

汉武帝废除郡国铸钱，改铸新五铢钱，亦称"三官钱"。五铢钱作为西汉时的主要铸币，通行数百年。

◆ **公元前112年　汉武帝元鼎五年**

四月，汉武帝下令出兵十余万进击南越。

◆ **公元前111年　汉武帝元鼎六年**

汉室平定南越之地，设置了南海、苍梧、郁林、合浦、交趾、九真、日南、珠崖、儋耳九郡进行统治。另外，为了加强对长安城的防护，设置了屯骑、步兵、越骑、长水、胡骑、射声、虎贲七校尉，皆由中垒校尉统领，合称为"八校尉"。

◆ **公元前110年　汉武帝元封元年**

在桑弘羊的主持下，西汉政府开始推行均输、平准之法。

◆ **公元前106年　汉武帝元封五年**

冬，西汉政府设置了朔方、交趾、冀、幽、并、兖、徐、青、扬、荆、豫、益、凉等州，共十三个，各设置有刺史加以监管。

◆ **公元前105年　汉武帝元封六年**

汉宗室之女细君为公主，将其许配给乌孙王，用以和亲。

◆ **公元前104年　汉武帝太初元年**

史官司马迁开始撰修《史记》。

◆ **公元前102年　汉武帝太初三年**

李广利第二次西征，攻取大宛国都，大宛开始归属汉室管辖。

◆ **公元前100年　汉武帝天汉元年**

苏武出使匈奴时遭到扣押，羁留在匈奴十九年，沦落到牧羊为生，依然保持汉节，始终不肯屈服。

◆ **公元前95年　汉武帝太始二年**

中大夫白公奏请在郑国渠以北再穿凿渠道，以引泾水，注渭水。汉武帝采纳其意见，筑成"白渠"。

◆ **公元前87年　汉武帝后元二年**

二月，汉武帝驾崩。皇太子弗陵继位，弗陵即汉昭帝。大司马大将军霍光等依照武帝遗诏，参与尚书之事，共同辅佐新帝。

◆ **公元前81年　汉昭帝始元六年**

汉昭帝时，举贤良文学询问民间疾苦，由此引发盐铁之议。桑弘羊与请罢盐、铁、酒酤、均输四官之人激辩。后桓宽集论辩之辞写成《盐铁论》。

◆ **公元前80年　汉昭帝元凤元年**

燕王刘旦与上官桀等叛乱，事泄，刘旦自杀，上官桀等族被诛。

◆ **公元前77年　汉昭帝元凤四年**

汉室派遣时任平乐监的傅介子前往楼兰，袭杀楼兰王安归，扶立王弟尉屠耆，改国名为鄯善，并将都城迁至扜泥城。

◆ **公元前74年　汉昭帝元平元年**

　　汉昭帝驾崩，霍光等扶持昌邑王刘贺即位，登基二十七天便遭到废除。紧接着便扶持武帝曾孙刘询即位，刘询即汉宣帝。

◆ **公元前60年　汉宣帝神爵二年**

　　匈奴日逐王归汉。郑吉设置西域都护，治乌垒城（今新疆库尔勒与轮台之间），负责处理西域各国事务。匈奴所置僮仆都尉被撤。匈奴单于遣使来汉进献。

◆ **公元前57年　汉宣帝五凤元年**

　　七月，匈奴五单于争夺王位，国内陷入混乱，最终导致其分裂为东、西两部。

◆ **公元前54年　汉宣帝五凤四年**

　　正月，汉宣帝采纳大司农中丞耿寿昌谏言，在边郡遍设常平仓。

◆ **公元前53年　汉宣帝甘露元年**

　　正月，匈奴呼韩邪单于和郅支单于各自派遣其子入侍汉廷。

◆ **公元前51年　汉宣帝甘露三年**

　　正月，匈奴呼韩邪单于抵达长安，觐见汉宣帝。汉宣帝便召集了"石渠阁会议"，讲论五经之异同。

◆ **公元前49年　汉宣帝黄龙元年**

　　十二月，宣帝驾崩，皇太子刘奭继位，刘奭即汉元帝。

◆ **公元前48年　汉元帝初元元年**

　　在西域车师设置戊己校尉，使其监管屯田和防务事宜。

◆ **公元前36年　汉元帝建昭三年**

秋，西域都护甘延寿、副校尉陈汤等伪造皇帝制书以发兵，攻入康居，杀死匈奴郅支单于。

◆ **公元前33年　汉元帝竟宁元年**

匈奴呼韩邪单于来汉廷，汉元帝将宫女王嫱（字昭君）嫁给他。单于加封王嫱为宁胡阏氏。

五月，元帝驾崩。次月，皇太子刘骜继位，刘骜即汉成帝。

◆ **公元前7年　汉成帝绥和二年**

三月，成帝驾崩。次月，皇太子刘欣继位，刘欣即汉哀帝。

◆ **公元前1年　汉哀帝元寿二年**

六月，汉哀帝驾崩。中山王箕子继位，改名为衎，即汉平帝刘衎。太皇太后王氏临朝，大司马王莽秉政，权势日盛。

◆ **1年　汉平帝元始元年**

二月，王莽晋升为太傅，封号"安汉公"。

◆ **4年　汉平帝元始四年**

王莽封号为"宰衡"，位居上公。

◆ **5年　汉平帝元始五年**

十二月，王莽毒死汉平帝，居摄践祚，被民臣称为"摄皇帝"。

◆ 6年　居摄元年

三月，王莽扶立广戚侯子婴为皇太子，号曰"孺子"。

◆ 8年　居摄三年

十一月，王莽即真天子之位，成为中国历史上第一位通过符命当上皇帝的人。

◆ 9年　新始建国元年

正月，王莽废孺子刘婴为定安公，正式登基即位，定国号为"新"，年号"始建国"。王莽由此成为新朝的开国之君。

◆ 17年　新天凤四年

新市（今湖北京山东北）人王匡率领饥民发动起义。起义军隐蔽在绿林山（在今湖北当阳境内）中，因此被称为"绿林军"。

◆ 18年　新天凤五年

琅邪人樊崇率众在莒（今山东莒县）发动起义，因起义军将眉毛染红，故被称为"赤眉军"。

◆ 23年　新地皇四年

二月，绿林军所属新市、平林部扶立刘玄为帝，建元更始。

六月，刘秀等领兵在昆阳大破王莽军，史称"昆阳大战"。

九月，绿林军攻入长安，王莽在混乱中被杀。新朝灭亡。

东汉

（25—220年）

东汉又被称为后汉，是中国古代历史上强大而统一的一个朝代，它与西汉并称为汉朝。东汉由汉光武帝刘秀建立，历12帝，共196年。后世所说的"大汉王朝"即是指西汉与东汉这两大王朝400余年的历史时期。因汉光武帝建都洛阳，故称东汉。

◆ **25年　汉光武帝建武元年**

六月，刘秀在鄗（今河北省柏乡县北）称帝，刘秀即汉光武帝，建元建武。

十月，光武帝下令定都洛阳。

◆ **30年　汉光武帝建武六年**

十二月，光武帝刘秀下诏恢复田租旧制，实施三十税一的减租政策。

◆ **42年　汉光武帝建武十八年**

光武帝下令改州牧为刺史，并强化州刺史职权。

◆ **43年　汉光武帝建武十九年**

伏波将军马援平定岭南征侧、征贰叛乱，岭南得以安定。

◆ **48年　汉光武帝建武二十四年**

匈奴分裂为南北两部。

◆ 49年　汉光武帝建武二十五年

南匈奴单于派遣使者出使汉朝，表示愿意称藩。

◆ 56年　汉光武帝建武中元元年

光武帝宣布图谶于天下，谶纬之学由此成为官方的统治思想。

◆ 57年　汉光武帝建武中元二年

正月，倭奴国来汉进献，汉赐予他"汉倭奴国王"之印。

二月，光武帝驾崩，皇太子刘庄继位，刘庄即汉明帝。

◆ 65年　汉明帝永平八年

楚王刘英奉缣帛以赎罪，明帝下诏还之，让其助供养伊蒲塞（佛教男信徒）。这是中国最早关于崇信佛教的记载。

◆ 73年　汉明帝永平十六年

窦固征讨匈奴，抵达天山，夺取伊吾庐地，设置宜禾都尉，并派遣班超出使西域。西域与汉断绝六十五年后，联系复通。

◆ 79年　汉章帝建初四年

十一月，汉章帝诏会诸儒于白虎观，讲论五经之异同。史称"白虎观会议"。

◆ 88年　汉章帝章和二年

正月，汉章帝驾崩，皇太子刘肇继位，刘肇即汉和帝。

◆ 89年　　汉和帝永元元年

六月，窦宪在稽落山大败北匈奴，北匈奴单于派遣其弟来汉朝纳献。

◆ 91年　　汉和帝永元三年

窦宪金微山大败北单于，北单于逃走，其弟於除鞬自立为单于，款塞请降。

十二月，西汉恢复设置西域都护。

◆ 92年　　汉和帝永元四年

汉和帝与宦官郑众合议，共诛大将军窦宪，众以功封侯，宦官专权由此开始。

◆ 105年　　汉和帝永元十七年

汉和帝驾崩，少子刘隆继位，刘隆即汉殇帝，皇太后邓氏临朝称制。

◆ 106年　　汉殇帝延平元年

八月，汉殇帝死。清河王子刘祜继位，刘祜即汉安帝。

◆ 125年　　汉安帝延光四年

三月，汉安帝死，北乡侯刘懿继位。

十月，刘懿死。

十一月，已废太子济阴王刘保被中常侍孙程等拥立继位，刘保即汉顺帝。

◆ 144年　　汉顺帝汉安三年

八月，汉顺帝驾崩。皇太子刘炳继位，刘炳即汉冲帝。皇太后梁氏临朝称制。

◆ 145年　汉冲帝永嘉元年

正月，汉冲帝驾崩，勃海王鸿子刘缵被大将军梁冀迎立继位，刘缵即汉质帝。

◆ 146年　汉质帝本初元年

六月，梁冀鸩杀质帝，后扶立蠡吾侯刘志继位，刘志即汉桓帝。皇太后梁氏依旧临朝称制。

◆ 166年　汉桓帝延熹九年

宦官专权，司隶校尉李膺等联合两百余太学生抨击朝政。李膺等人被诬陷为党人，遭到下狱治罪，太尉陈蕃亦遭受罢免。这在历史上被称为"党锢之祸"。

◆ 167年　汉桓帝延熹十年

十二月，汉桓帝驾崩，皇太后扶持解渎亭侯刘宏继位，刘宏即汉灵帝。皇太后窦氏临朝称制。

◆ 169年　汉灵帝建宁二年

下诏赦免党人并送归乡里，禁锢其身，永不再用。

◆ 184年　汉灵帝中平元年

二月，张角率领民众发动起义。因起义军头戴黄巾为标帜，史称"黄巾起义"。

◆ 189年　汉灵帝中平六年

四月，汉灵帝驾崩，皇子刘辩继位，刘辩即汉少帝。

八月，因宦官杀死大将军何进，司隶校尉袁绍将宦官赶尽杀绝。是月，董卓带兵入洛阳，独揽朝政大权。

九月，董卓废除汉少帝，扶立陈留王刘协即位，刘协即汉献帝。

◆ 190年　汉献帝初平元年

正月，关东州郡发生叛乱，将袁绍推上盟主之位。袁绍力主讨伐董卓。

二月，董卓挟汉献帝迁都长安，至此，董卓完全掌控着朝廷。

董卓

◆ 192年　汉献帝初平三年

四月，司徒王允设计铲除董卓。同时，曹操在济北接受三十万黄巾军归降，收编为"青州兵"。

◆ 196年　汉献帝建安元年

曹操迎汉献帝到许都（今河南许昌东），他总结汉朝西域屯田经验，在许下屯田，获得成功。

◆ 197年　汉献帝建安二年

袁术在寿春称帝，自称"仲家"。

◆ 199年　汉献帝建安四年

袁绍大败幽州公孙瓒，占有黄河下游幽、冀、青、并四州。

◆ 200年　汉献帝建安五年

十月，曹操军与袁绍军在官渡（今河南中牟东北）展开决战。曹操奇袭袁军的乌巢粮仓，继而大破袁军主力。这即是历史上有名的"官渡之战"。

◆ 207年　　汉献帝建安十二年

　　曹操在打败袁绍之后，引军出卢龙塞（今河北喜峰口附近一带），出奇兵北征乌桓。乌桓败绩，曹操彻底肃清了袁氏在北方的残余势力。

◆ 208年　　汉献帝建安十三年

　　六月，曹操撤除三公，设置丞相、御史大夫之职，且自为丞相，后挥军南下。孙权、刘备两军联合，以少胜多，在赤壁大破曹军。这即是历史上有名的"赤壁之战"。

◆ 211年　　汉献帝建安十六年

　　曹操亲自领兵战胜马超、韩遂等关中联军，委任夏侯渊镇守长安，督关中。蜀地益州牧刘璋遣军议校尉法正等人赴荆州欢迎刘备入川，以助其攻张鲁，刘备遂入蜀。

◆ 215年　　汉献帝建安二十年

　　曹操西征张鲁，夺取汉中，由此正式统一北方。

◆ 216年　　汉献帝建安二十一年

　　曹操由魏公进爵为魏王。

◆ 219年　　汉献帝建安二十四年

　　刘备夺取汉中之地后，自立为汉中王。其将关羽攻破樊城，大破曹军。南方孙权占领东吴之地。三国鼎立的格局基本形成。

◆ 220年　　汉献帝延康元年

　　汉献帝刘协告祭祖庙退位，由汉光武帝刘秀所创立的东汉王朝灭亡。

三国两晋南北朝

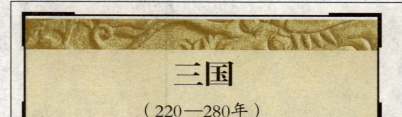

三国

（220—280年）

　　三国是中国历史上东汉与西晋两个统一王朝之间的时期，也是一个分裂对峙的动荡时期。这一阶段有曹魏（220—265年）、蜀汉（221—263年）、东吴（222—280年）三方政权。其主要特点是国家分裂，政权交替频繁。但南方相对稳定，江南经济发展迅速。总的来说，三国的政治、经济、外交以及思想等对后世产生了极大的影响。

◆ **220年　　魏文帝黄初元年**

　　正月，曹操卒，其子曹丕世袭爵位，担任丞相之职。

　　十月，曹丕称帝，曹丕即魏文帝。建国号为"魏"，定都洛阳。曹丕将汉献帝废为山阳公。

◆ **221年　　蜀汉昭烈帝章武元年**

　　刘备称帝，刘备即汉昭烈帝，建国号为"汉"，世称为"蜀汉"，定都成都。诸葛亮被任命为丞相。同年，刘备出兵攻打孙权。孙权接纳魏国所赐封号，于武昌（今湖北鄂州）称吴王。

◆ **222年　　蜀汉昭烈帝章武二年**

　　刘备亲率大军东征，与吴国陆逊军在夷陵展开对垒。陆逊巧用火攻，使得蜀军大败。这即是历史上有名的"夷陵之战"。之后，刘备撤回白帝城。

◆ 223年　蜀汉昭烈帝章武三年

四月，刘备死，太子刘禅继位，世称蜀后主。诸葛亮辅佐幼主。诸葛亮派遣邓芝往结东吴，反敌为友，共同抵抗北方曹军。

◆ 224年　魏文帝黄初五年

魏文帝曹丕攻打吴国，屯兵广陵（即今天的扬州）。时值天气寒冷，江面冰封，水路不通，曹丕只好下令班师回朝。

◆ 226年　魏文帝黄初七年

魏文帝死，其子曹睿继位，曹睿即魏明帝。

◆ 227年　蜀后主建兴五年

诸葛亮领兵出屯汉中，上《出师表》请求征伐魏国。

◆ 228年　蜀后主建兴六年

诸葛亮祁山发兵攻打魏国，蜀先锋马谡失街亭，蜀军大败。诸葛亮统领大军出散关，围攻陈仓（今陕西宝鸡市东），以失败告终。

◆ 229年　吴大帝黄龙元年

吴王孙权称帝，是为吴大帝，建国号为"吴"，都城迁至建业（今江苏南京）。

◆ 231年　蜀后主建兴九年

诸葛亮第四次兵出祁山攻魏，其间制造了"木牛"以运粮。

◆ 234年　蜀后主建兴十二年

诸葛亮北出斜谷攻魏，驻扎在五丈原，不幸病逝于军中。

◆ 237年　吴大帝嘉禾六年

吴将诸葛恪耗时三年围困山越，迫使丹阳山越出山，"献戎十万"，其中四万甲士得以收编。

◆ 238年　魏明帝景初二年

魏太尉司马懿挥师歼灭攻辽东割据势力，在襄平（今辽宁省辽阳市）将公孙渊杀害。

◆ 239年　魏明帝景初三年

魏明帝死，齐王曹芳即位，由太尉司马懿、宗室曹爽辅佐。

◆ 241年　魏齐王正始二年

魏国大将邓艾在淮南大力倡导屯田，挖渠三百多里，灌溉田地两万余顷。规模浩大，成效斐然。

◆ 249年　魏齐王嘉平元年

司马懿发动"高平陵事变"，以谋反罪名族诛曹爽兄弟及亲信何晏等，曹魏政权落入司马氏集团手中。

◆ 251年　魏齐王嘉平三年

魏国都督扬州诸军事的王凌在淮南起兵，反抗司马懿，最终兵败被擒，而后自杀。

◆ 252年　吴大帝太元二年

吴大帝孙权死，太子孙亮继位。

◆ 253年　吴会稽王建兴二年

吴国孙峻设计杀害诸葛恪，而后，吴主孙亮加封孙峻为丞相、大将军，总督中外诸军事。至此，吴国权柄落入孙峻之手。

◆ **254年　魏齐王嘉平六年**

司马师以失德为由废去曹芳帝号，另立十二岁的高贵乡公曹髦为帝。

◆ **255年　魏高贵乡公正元二年**

魏国镇东将军毌丘俭在寿春起兵，讨伐司马师，兵败被杀。

◆ **257年　魏高贵乡公甘露二年**

亲曹氏的征东将军诸葛诞拥兵淮南，起兵讨伐司马昭。次年兵败被杀。

◆ **260年　魏高贵乡公甘露五年**

曹髦挥师讨伐司马昭，兵败被杀。司马昭另立曹操之孙曹奂为帝，曹奂即魏元帝。

◆ **263年　魏元帝景元四年**

司马昭命令邓艾、钟会统率大军十八万分道伐蜀，后主刘禅不战而降，蜀国灭亡。

◆ **264年　吴乌程侯元兴元年**

吴国孙皓继位，其在位期间，先后更换过八个年号。

◆ **269年　吴乌程侯建衡元年**

三月，东吴都城建业遭遇天火，烧毁万家，死七百人。

◆ **280年　吴乌程侯天纪四年**

西晋发起灭吴之战。吴主孙皓向晋将王浚投降，吴国灭亡。

两晋

（265—420年）

　　两晋指的是西晋和东晋。西晋于265年由晋武帝司马炎取代曹魏政权而建立，国号为晋，定都洛阳，史称"西晋"。280年，晋武帝灭东吴，统一南北。西晋仅存51年，如果从吴国灭亡开始计算，西晋仅存37年。建兴四年（316年），匈奴首领刘曜攻陷长安，俘获愍帝，西晋就此灭亡。次年三月，司马睿即晋王位，改元建武。后在318年，司马睿即皇帝位，改元太兴，占据长江中下游以及淮河、珠江流域地区，史称"东晋"。

◆ **265年　晋武帝泰始元年**

　　八月，司马昭逝世，其子司马炎继承相国、晋王之位。

　　十二月，司马炎下令魏元帝曹奂禅位，自己称帝，司马炎即晋武帝，建国号为"晋"，定都洛阳。大封宗室诸王。

晋武帝司马炎

◆ **275年　晋武帝咸宁元年**

　　京都洛阳城发生大瘟疫，死者数以万计。

◆ 280年　　晋武帝太康元年

西晋灭亡吴国，全国得以统一。晋初颁布户调式，具体包括占田课田制、户调制和品官占田荫客制。

◆ 281年　　晋武帝太康二年

汲郡（今河南汲县西南）战国墓中出土了《竹书纪年》等竹简。

◆ 290年　　晋惠帝永熙元年

晋惠帝继位，迎娶贾充之女贾南风为皇后。外戚杨骏辅政。为了拉拢远人，树立私恩，杨骏加封刘渊为五部大都督。

◆ 291年　　晋惠帝元康元年

皇后贾南风祸乱朝纲，害死杨骏、汝南王司马亮及楚王司马玮，引起"八王之乱"。

◆ 296年　　晋惠帝元康六年

居关中的氐人齐万年起兵反抗晋王朝。

◆ 298年　　晋惠帝元康八年

关中连年遭遇饥荒，巴氐豪酋李特带领关中、汉中流民入蜀。

◆ 300年　　晋惠帝永康元年

赵王伦设计捉拿贾南风，并将其贬为庶人。

◆ 304年　　晋惠帝永安元年

匈奴贵族刘渊在左国城（今山西离石）即汉王位，建国号为"汉"。北方十六国由此开始。

◆ 306年　晋惠帝永兴三年

　　东海王越将领祁弘挟持晋惠帝还都洛阳。继而毒死晋惠帝。其弟司马炽即位，司马炽即晋怀帝。"八王之乱"至此结束。

◆ 310年　晋怀帝永嘉四年

　　汉主刘渊死，太子刘和继位，发兵攻打刘聪，却反被刘聪杀害，继而刘聪自立。

◆ 311年　晋怀帝永嘉五年

　　荆、湘一带流民推选杜弢为首领，并于长沙发动起义。汉大将刘曜攻陷洛阳，杀害官民三万多人，晋怀帝被活捉并带往赵汉的都城平阳（今山西临汾西北）。

◆ 313年　晋怀帝永嘉七年

　　汉主刘聪杀晋怀帝。不久秦王司马邺于长安被扶立为帝，司马邺即晋愍帝。事实上，西晋王朝至此已经是名存实亡。

◆ 316年　晋愍帝建兴四年

　　刘曜进兵关中，不久即攻克长安。晋愍帝被俘，被押至平阳，西晋由此灭亡。

◆ 317年　晋元帝建武元年

　　琅邪王司马睿在群臣拥戴下在建康（今江苏南京）即晋王位，司马睿即晋元帝，史称"东晋"。同年，祖逖开始北伐。

◆ 318年　晋元帝太兴元年

　　汉主刘聪病死，太子刘粲继位，不久被靳准杀害，汉灭亡。刘曜遂出兵讨伐靳准，继而杀靳准自立。

◆ 319年　晋元帝太兴二年

　　刘曜将都城迁至长安，改国号为"赵"，史称
"前赵"。

　　汉国大将石勒自称赵王，定都襄国（今河北邢台），
史称后赵。

◆ 322年　晋元帝永昌元年

　　王敦在武昌（今湖北鄂州）举兵谋反，占领建康（今
江苏南京），后还军武昌，遥控朝政。

　　晋元帝忧愤病逝，太子司马绍即位，司马绍即晋明
帝。王导辅政。

◆ 324年　晋明帝太宁二年

　　晋明帝下诏讨伐叛逆王敦，王敦任命其兄王含为元
帅，进攻建康，后王敦病死，叛乱得以平息。

◆ 327年　晋成帝咸和二年

　　王敦治乱平定三年后，东
晋又爆发了苏峻、祖约之乱。

◆ 330年　晋成帝咸和五年

　　东晋开始推行"度田收租
制"，平均每亩税米三斗。同
年，后赵大将石勒称帝。

王敦

◆ 335年　晋成帝咸康元年

　　后赵将都城迁至邺（今河北临漳西南）。

◆ **338年　晋成帝咸康四年**

鲜卑族拓跋什翼犍继承代王之位，建代国，并制定法律。大成国李寿亦自立，改国号为"汉"，又称"成汉"。

◆ **347年　晋穆帝永和三年**

桓温入蜀灭掉成汉。

◆ **349年　晋穆帝永和五年**

在"高力"督梁犊的领导下，谪戍凉州的东宫卫士十余万人在雍城（今陕西凤翔南）发动起义，不久起义失败。

◆ **350年　晋穆帝永和六年**

魏郡冉闵灭后赵，自立为帝，定国号为"大魏"，史称"冉魏"。

◆ **351年　晋穆帝永和七年**

苻健于长安称帝，即天王、大单于位，定国号为"大秦"，史称"前秦"。

◆ **354年　晋穆帝永和十年**

桓温北伐前秦，驻军霸上，一路势如破竹，虽接近长安，但因军中缺粮，被迫从潼关退兵。

◆ **356年　晋穆帝永和十二年**

桓温第二次北伐，击败羌族姚襄，收复洛阳，但只留下些士兵戍守。

◆ **357年　晋穆帝升平元年**

前秦苻坚即位，被称为"大秦天王"，汉人王猛辅政。前燕将都城迁至邺（今河北临漳西南）。

◆ 361年　晋穆帝升平五年

桓温派兵攻破燕军，夺取许昌之地。

◆ 362年　晋哀帝隆和元年

晋哀帝下令减少田租，依照每亩两斗的标准收取。

◆ 369年　晋废帝太和四年

桓温挥师五万北伐前燕，至枋头（今河南汲县东北），逡巡不前。后因军中粮绝，只好撤退。途中遭到前燕伏击，大败而归。

◆ 370年　晋废帝太和五年

前秦辅国将军王猛率军攻占前燕都城邺（今河北临漳西南），前燕灭亡。

◆ 376年　晋孝武帝太元元年

前秦先后灭前凉和代。

◆ 377年　晋孝武帝太元二年

东晋组建训练一支精锐部队，号为"北府兵"。

◆ 383年　晋孝武帝太元八年

东晋与前秦在淝水（今安徽省寿县东南）展开大战，最终东晋仅以八万军力大胜八十余万前秦军。前秦大败，内部分裂，北方暂时统一的局面也随之解体。

◆ 384年　晋孝武帝太元九年

鲜卑族慕容垂于荥阳（今河南省荥阳）称燕王，史称"后燕"；慕容泓称济北王，史称"西燕"。

◆ **385年　晋孝武帝太元十年**

　　西燕慕容冲称帝，攻入长安。乞伏国仁自称大单于，筑勇士城为都，史称"西秦"。

◆ **386年　晋孝武帝太元十一年**

　　鲜卑拓跋珪称代王，定都盛乐（今内蒙古自治区和林格尔境内），改称为"魏"，北魏由此开始；羌族姚苌于渭北起兵建立政权，定都长安，国号大秦，史称"后秦"；吕光称凉州牧、酒泉公，定都姑臧（今甘肃武威民勤县），后凉由此开始。

◆ **394年　晋孝武帝太元十九年**

　　七月，后秦国君姚兴与前秦高帝苻登决战，苻登兵败被杀。不久，前秦灭亡。

　　八月，后燕国君慕容垂攻入长子（今山西长治南），杀慕容永，西燕灭亡。

◆ **395年　晋孝武帝太元二十年**

　　北魏军在参合陂（今山西省阳高县东北）击败后燕军。

◆ **397年　晋安帝隆安元年**

　　鲜卑族贵族秃发乌孤称西平王，建廉川堡（今青海乐都县）并迁都于此，南凉由此开始。

◆ **398年　晋安帝隆安二年**

　　前燕宗室慕容德自立为燕王，定都广固（今山东淄博东），史称"南燕"。

　　北魏拓跋珪继位，迁都平城，拓跋珪即是魏道武帝。

◆ 401年　晋安帝隆安五年

匈奴族沮渠蒙逊杀死后凉太守段业，自称凉州牧，建立北凉政权。

◆ 402年　晋安帝元兴元年

孙恩最后一次登陆，不幸失败，投海而死。义军推其妹夫卢循继续战斗。

◆ 403年　晋安帝元兴二年

楚王桓玄废晋安帝而篡位，建国桓楚。同年，后凉投降于后秦。

◆ 404年　晋安帝元兴三年

北府军将领刘裕以讨伐桓玄为名在京口（今江苏镇江）起兵。桓玄挟持安帝回到江陵（今湖北荆州），后战败被杀。

◆ 405年　晋安帝义熙元年

北府军将领刘毅进入江陵，迎接晋安帝还都建康（今江苏南京）。

刘裕大败桓玄

◆ 407年　晋安帝义熙三年

赫连勃勃反叛后秦，起兵自立，称大夏天王，夏国开始。

◆ 409年　晋安帝义熙五年

后燕末帝高云（后改名慕容云）被护卫杀害，后燕灭亡。后燕大将冯跋平定事变，被众推为天王，建立北燕政权。

◆ 410年　晋安帝义熙六年

刘裕围攻广固（今山东益都西北）八个月，终破之，南燕由此灭亡。卢循和其姐夫徐道覆向北进攻长沙、豫章等郡，围攻建康未成，被刘裕军打败。

◆ 411年　晋安帝义熙七年

卢循战死，孙恩、卢循起义以失败而告终。

◆ 417年　晋安帝义熙十三年

刘裕率军北伐，攻取后秦都城长安，后秦灭亡。

◆ 418年　晋安帝义熙十四年

赫连勃勃南下关中，占领长安，于霸上即帝位。

南北朝

（420—589年）

　　南北朝时期是两晋之后的中国历史上的又一个分裂时期，从420年刘裕废晋建立南朝"宋"政权开始，到589年隋灭南陈为止，共历时169年。此阶段上承东晋、五胡十六国，下接隋代，南北两种势力长期对峙，且各有朝代更迭，历史上总称其为南北朝。南朝（420—589年）包含宋、齐、梁、陈四朝；北朝（439—589年）则包含北魏、东魏、西魏、北齐和北周五朝。

◆ 420年　宋武帝永初元年

　　刘裕废除晋恭帝自立为帝，刘裕即宋武帝，国号"宋"，史称"刘宋"，南朝由此开始。

◆ 421年　宋武帝永初二年

　　宋武帝驾崩，太子刘义符继位，刘义符即宋少帝。同年，北凉主沮渠蒙逊率兵两万攻入西凉李恂据守的敦煌，西凉国就此灭亡。

◆ 424年　宋少帝景平二年

　　宋少帝被太子刘劭杀害，宜都王刘义隆等起兵讨伐，后自即帝位，刘义隆即宋文帝。

◆ **431年　宋文帝元嘉八年**

　　西秦被夏所灭。后北魏攻打夏国，夏帝赫连定率部西迁，却被吐谷浑袭击并掳至北魏，夏国由此灭亡。

◆ **436年　北魏太武帝太延二年**

　　北魏灭亡北燕，开始占领辽河流域。

◆ **439年　北魏太武帝太延五年**

　　北魏太武帝拓跋焘攻灭北方的最后一个割据势力北凉，北方得以统一。十六国时期告终，北朝由此开始。

◆ **446年　北魏太武帝太平真君七年**

　　北魏太武帝接受崔浩的谏言，严厉灭佛，毁弃佛经佛像和塔寺，坑杀和尚。

◆ **450年　北魏太武帝太平真君十一年**

　　北魏太武帝以修史有意"暴扬国恶"之罪名，将司徒崔浩处死。同年，太武帝举兵南下瓜步，有渡江进而吞并建康之志，建康为之大震。

◆ **453年　宋文帝元嘉三十年**

　　太子劭将宋文帝杀害，自立为帝。后刘骏杀劭，进而称帝，刘骏即孝武帝。

◆ **457年　宋孝武帝大明元年**

　　宋实施土断制度，寄居在异乡之人可编入所在地户籍。

◆ **460年　北魏文成帝和平元年**

　　柔然攻破高昌，杀沮渠安周，扶植阚伯周为高昌王，高昌称王由此开始。

◆ 465年　　北魏文成帝和平六年

　　北魏献文帝即位，年仅十二岁，丞相乙浑专权跋扈。

◆ 471年　　北魏献文帝皇兴五年

　　太子拓跋宏继位，拓跋宏即北魏孝文帝。

◆ 476年　　北魏孝文帝延兴六年

　　北魏冯太后改称太皇太后，再一次临朝称制。

◆ 479年　　齐高帝建元元年

　　宋臣萧道成逼迫宋顺帝下诏禅位，宋由此灭亡。后萧道成称帝，建国号为"齐"，萧道成即齐高帝。

◆ 482年　　齐高帝建元四年

　　齐高帝驾崩，太子萧赜即位，萧赜即齐武帝。

◆ 484年　　北魏孝文帝太和八年

　　北魏开始实行"班禄"制度，百姓每户增缴绸帛三匹、稻谷二斛九斗，以供奉百官的俸禄，旨在养廉。

◆ 485年　　齐武帝永明三年

　　富阳（浙江杭州市西南）人唐寓之举兵暴乱。同年，北方的北魏政权开始颁行"均田制"。

◆ 486年　　齐武帝永明四年

　　唐寓之攻破钱塘（今浙江省杭州），随后称帝建吴国。同年，北方的北魏政权废除"宗主督护"的户籍制度，开始实行"三长制"。

◆ 494年　　北魏孝文帝太和十八年

　　北魏孝文帝从平城出发，将都城迁至洛阳。同时下诏禁止士民穿胡服。

◆ 496年　北魏孝文帝太和二十年

　　北魏改胡姓为汉姓，将拓跋氏改为元氏，其他鲜卑诸姓也都改汉姓。鲜卑穆、陆、贺、刘、楼、于、嵇、尉八姓与中原汉族豪门崔、卢、李、郑四大姓门第相当，地位相同。

◆ 501年　齐和帝中兴元年

　　齐南康王萧宝融在江陵被萧衍迎立为帝，萧宝融即齐和帝。

◆ 502年　梁武帝天监元年

　　萧衍荣升为梁公、梁王，后他将齐明帝诸子杀害，逼迫和帝萧宝融吞金而死，自己顺利称帝，代齐建梁，萧衍即梁武帝。齐由此灭亡。

◆ 515年　北魏宣武帝延昌四年

　　北魏宣武帝三子元诩即位，元诩即孝明帝。胡太后临朝称制。

梁武帝

◆ 516年　梁武帝天监十五年

　　梁为夺回被北魏所占的寿阳，修筑了浮山堰，将淮水引灌至寿阳城。当年秋遇到涨水，堰溃决，下游受灾居民数以十万计。

◆ **523年　北魏孝明帝正光四年**

北方怀荒镇镇民杀镇将起义，沃野镇兵民在破六韩拔陵的带领下也杀镇将起义。怀荒镇、沃野镇等六镇起义由此开始。

◆ **528年　北魏孝明帝武泰元年**

北魏权臣尔朱荣以祭天为名，将文武百官两千人在河阴尽数杀戮，制造了"河阴之变"，又称"耳朱氏之乱"。

◆ **531年　北魏节闵帝普泰元年**

北魏晋州刺史高欢起兵攻克尔朱氏，拥立章武王元融的儿子、渤海太守元郎为帝，元郎即北魏后废帝。

◆ **532年　北魏孝武帝太昌元年**

高欢先后废除节闵帝和后废帝，而后立元修为帝，元修即孝武帝，高欢自任大丞相。

◆ **534年　北魏孝武帝永熙三年**

高欢向洛阳发兵，北魏孝武帝逃亡关中，依附宇文泰。后高欢攻入洛阳城，拥立元善见为帝，元善见即东魏孝静帝，东魏后将都城迁至邺。十二月，宇文泰毒死孝武帝，拥立元宝炬为帝，元宝炬即西魏文帝，西魏定都长安。由此开始，北魏分裂为东魏和西魏。

◆ **535年　西魏文帝大统元年**

西魏丞相宇文泰定新制共二十四条；大臣苏绰制定公文格式，并创制记账、户籍等法。

◆ 547年　东魏孝静帝武定五年

　　东魏权臣高欢死，其子高澄承袭父职，独揽朝政。孝静帝密谋除掉高澄，事情败露，反遭高澄幽禁。

◆ 548年　梁武帝太清二年

　　投靠南梁的侯景在寿阳举兵叛梁，进而渡江攻入京城建康，围攻台城。史称"侯景之乱"。

◆ 549年　梁武帝太清三年

　　侯景攻陷台城，困死梁武帝萧衍。而后侯景自封为丞相，拥立萧纲为帝，萧纲即简文帝。

◆ 550年　北齐文宣帝天保元年

　　东魏高欢次子高洋废孝静帝，自立为帝，高洋即齐文宣帝，定都邺，建国号为"齐"，史称"北齐"。同年，北齐开始设立九等之户。

◆ 551年　梁简文帝大宝二年

　　侯景废掉简文帝，拥立萧栋为帝，后又废萧栋而自立为帝，建国号为"汉"。

◆ 552年　梁元帝承圣元年

　　梁将王僧辩及辅臣陈霸先攻破建康，侯景败逃向东，侯景之乱得以平息。萧绎被拥立在江陵即位，萧绎即梁元帝。

高洋

◆ 556年　西魏恭帝三年

西魏依《周礼》改制，建立"六官"体制。同年，宇文泰死，其子宇文觉执政，其侄宇文护掌管军国大事。岁末，宇文护逼迫魏恭帝禅位，西魏灭亡。

◆ 557年　北周孝闵帝元年

宇文泰长子宇文觉继任大冢宰，自称周公，建立北周，宇文觉即孝闵帝。不久宇文护废掉宇文觉，拥立宇文毓为天王，宇文毓即北周明帝。同年，陈霸先代梁称帝，国号陈，陈霸先即陈高祖。

◆ 560年　北周明帝武成二年

宇文护废掉宇文毓，拥立宇文邕为帝，宇文邕即北周武帝。

◆ 574年　北周武帝建德三年

北周武帝禁佛教和道教，下令毁弃经像，沙门和道士皆还俗。

◆ 577年　北周武帝建德六年

北周武帝宇文邕挥师攻克北齐都城邺城（今河北临漳西南），北齐遂亡。

◆ 579年　北周宣帝大成元年

北周宣帝宇文赟禅位于年仅七岁的太子宇文阐，宇文阐即北周静帝。

◆ 580年　北周静帝大象二年

北周外戚杨坚控制朝政，并先后挫败起兵反抗他的相州总管尉迟迥、郧州总管司马消难以及益州总管王谦难。

◆ 589年　陈后主祯明三年

　　正月，隋朝军队攻破陈朝都城建康，俘获陈主陈叔宝，陈朝由此灭亡。

隋唐五代

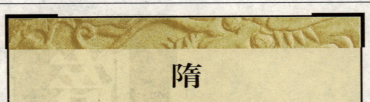

隋
（581—618年）

　　隋于581年建国，在统治中国北方九年之后，又于589年灭南陈，完成了南北统一。至618年，隋朝灭亡，仅历时38年，但隋文帝杨坚、隋炀帝杨广、隋恭帝杨侑等执政的时期，都是我国历史上最繁盛的阶段。可惜的是，封建统治阶级内部埋藏着的不安定因素无法消除，其统治基础也很不稳固，最终导致了隋朝在强盛之际迅速由盛而衰，进而走向灭亡。

◆ **581年　隋文帝开皇元年**

　　二月，杨坚称帝，建国号为"隋"，杨坚即隋文帝。定都长安。同年，隋为统一钱币，铸五铢钱，同时颁布实行《开皇律》。

◆ **582年　隋文帝开皇二年**

　　隋文帝下令在长安故城东南龙首原一带营造新都。同年，颁布关于均田和租调的新令。

◆ **583年　隋文帝开皇三年**

　　隋将都城迁入新都"大兴城"。同年，取消郡制，改为州、县二级行政区划制。

◆ **584年　隋文帝开皇四年**

　　隋文帝命宇文恺率水工开凿了广通渠。

◆ 585年　　隋文帝开皇五年

隋文帝下诏在诸州设置义仓（即社仓），与"官仓"相辅而行。同年，东突厥沙钵略可汗向隋称臣纳贡，并率部南迁，驻牧于今内蒙古呼和浩特一带。

◆ 588年　　隋文帝开皇八年

十一月，隋文帝任命晋王杨广为伐陈的行军统帅，出征吴州伐陈。

◆ 589年　　隋文帝开皇九年

隋朝完成南北统一，正式确立在全国的统治地位。废除行台尚书省，设置并、扬、益、荆四总管府。

◆ 590年　　隋文帝开皇十年

隋文帝杨坚诏令军人户籍编入州县，并规定凡丁男到五十岁后，可免除劳役，以庸（用布帛代替力役）代之。

◆ 599年　　隋文帝开皇十九年

东突厥突利可汗归附于隋，隋封其为"启民可汗"，还建造了大利城来安置其部落。

◆ 600年　　隋文帝开皇二十年

隋文帝杨坚废掉太子杨勇，改立晋王杨广为太子。

◆ 604年　　隋文帝仁寿四年

七月，隋文帝驾崩，杨广继位，杨广即隋炀帝。杨广即位之初，下令废除妇人、奴婢、部曲的课役。

◆ 605年　　隋炀帝大业元年

隋炀帝下令营建东都洛阳。同时他还征发百万士兵和夫役，修造了通济渠，改造了邗沟。

◆ **606年　隋炀帝大业二年**

隋炀帝迁都洛阳中天下，称洛阳为东京，以大兴为西京。

◆ **607年　隋炀帝大业三年**

隋炀帝派遣羽骑尉朱宽、海师何蛮寻访琉球岛国。同年，颁行《大业律》，并改州为郡，改换部分台、省、府、寺的官名。

◆ **608年　隋炀帝大业四年**

隋炀帝征发河北诸郡壮丁百余万，开通永济渠，南引沁水入黄河，北通涿郡（今北京西郊）。

◆ **609年　隋炀帝大业五年**

为开拓疆域，经营西域，隋炀帝亲征并击败吐谷浑，在其故地设置了西海、河源、鄯善、且末四郡。伊吾（今新疆哈密）的吐屯设归附于隋，隋在其地设置了伊吾郡。另外，高昌（今新疆吐鲁番）君主麹伯雅在张掖朝见隋炀帝。

◆ **611年　隋炀帝大业七年**

隋炀帝准备攻打高丽，于涿郡召集百万兵丁，又强征百万民夫来运输粮食军械。百姓不堪重负，最终爆发了山东长白山（今山东章丘东北）农民起义。

◆ **612年　隋炀帝大业八年**

二月，隋炀帝指挥军队渡辽水，发动第一次征服高丽之战。次月，因战败而退兵。

◆ **613年　隋炀帝大业九年**

四月，炀帝第二次亲征高丽，久围辽东等城未下。

六月，隋礼部尚书杨玄感于黎阳（今河南浚县东北）举兵反隋炀帝，进逼东都洛阳。隋炀帝被迫撤兵回救。不久，杨玄感兵败被杀。

◆ 614年　隋炀帝大业十年

隋炀帝发动第三次亲征高丽的作战。高丽王高元遣使请降，炀帝就此罢兵。

◆ 616年　隋炀帝大业十二年

隋炀帝巡游江都宫，留越王杨侗等据守洛阳城。同年，李密指挥瓦岗军，于荥阳全歼隋将张须陀所部，奠定了在河南的胜利基础。

◆ 617年　隋炀帝大业十三年

五月，太原留守李渊反叛，在晋阳（今山西太原）起兵。

七月，趁瓦岗军在李密领导下与困守在洛阳的隋末大将王世充激战正酣之时，李渊率军进入关中。

十一月，李渊攻入长安，拥立炀帝之孙、代王杨侑为天子。

◆ 618年　隋炀帝大业十四年

三月，江都宫兵变，推选宇文化及为首领，弑杀隋炀帝。兵变即成，宇文化及等拥立炀帝侄孙秦王杨浩为帝，带领余众返回关中。

五月，李渊废隋恭帝，隋朝随之灭亡。

唐

（618—907年）

　　618年，李渊在关中称帝，定国号为"唐"，都长安。大唐盛世是中华民族悠久历史中最为辉煌的篇章，唐朝最为鼎盛之时，连中亚的沙漠地带也受其控制。但经历了安史之乱以后，唐朝逐步由盛而衰，至907年，唐被后梁朱温所灭。唐朝共历21帝，历时289年。唐在文化、政治、经济、外交等方面都取得了辉煌的成就，是世界公认的中国最强盛的时代之一。

◆ 618年　唐高祖武德元年

　　五月，李渊称帝，改国号唐，李渊即唐高祖。留守东都的隋朝官员拥戴越王杨侗即皇帝位，改年号为"皇泰"，史称"皇泰主"。

　　九月，李密为王世充打败，投奔长安降唐。宇文化及杀杨浩，称帝于魏县（今河北大名西），国号许。

　　十一月，窦建德将都城定在乐寿（今河北献县），国号夏，大夏政权建立。

◆ 619年　唐高祖武德二年

　　二月，唐朝初定租庸调法。规定每丁每年缴纳"租"粟二石。"调"随乡土所产而定，每年缴纳绢（或绫、拖）二丈、绵三两，或布二丈五尺，麻三斤。

四月，王世充废越王杨侗自立，称帝于洛阳，立国号郑，年号开明。

◆ 621年　唐高祖武德四年

七月，夏军溃败，窦建德在长安被杀。其部将刘黑闼聚众攻克漳南，再举义旗。两年后，起义以失败告终。

◆ 623年　唐高祖武德六年

三月，唐将天下民分为上、中、下三等。即上上户、上中户、上下户和中上户四等为"上户"，中中户、中下户和下上户三等为"中户"，下中户和下下户二等为"下户"。

◆ 624年　唐高祖武德七年

四月，唐高祖李渊命大臣以隋朝《开皇律》为蓝本制定《武德律》。

◆ 626年　唐高祖武德九年

六月，李世民发动"玄武门之变"，杀死自己的长兄（皇太子李建成）和四弟（齐王李元吉）。

八月，李世民逼迫唐高祖李渊退位，自己即位，李世民即唐太宗。不几日，东突厥纵敌深入，直逼长安城。唐太宗亲临渭水便桥，与颉利可汗缔结盟约，后突厥撤兵。

◆ 627年　唐太宗贞观元年

唐太宗将全国分为十个道作为监察区，相当于汉代的州。

◆ 628年　唐太宗贞观二年
　　北方民族薛延陀首领夷男接受唐的册封，被赐予"真珠毗伽可汗"的称呼，建牙帐（中国古代边境少数民族的"首都"）于郁督军山（今蒙古国杭爱山东支）下，居漠北。

◆ 629年　唐太宗贞观三年
　　松赞干布继承吐蕃王朝第三十三任赞普（吐蕃王号）之位。

◆ 630年　唐太宗贞观四年
　　唐将李靖、李绩大败突厥，俘其颉利可汗，东突厥就此灭亡。同年，日本遣唐使首次来朝。

◆ 635年　唐太宗贞观九年
　　唐下令在各乡设置乡长之职进行管理，同时将天下民分为九等，确立九等户制。同年，唐将李靖率军发动对吐谷浑部的远程奔袭战，最终大破之。吐谷浑首领慕容伏允及其子先后被随从杀害。唐扶立伏允之孙诺曷钵为可汗，吐谷浑遂成为唐朝属国。

◆ 640年　唐太宗贞观十四年
　　八月，唐将侯君集攻破高昌城。唐在其地置西州。
　　九月，唐在交河城（今新疆吐鲁番西北）置安西都护府，在可汗浮图城（今新疆吉木萨尔北）置庭州。

◆ 641年　唐太宗贞观十五年
　　文成公主入吐蕃，与松赞干布举行隆重的婚礼，汉藏两族友好联姻。

◆ **645年　　唐太宗贞观十九年**

　　唐三藏法师玄奘得真经回朝，抵达长安。同年，《大唐西域记》成书。

◆ **649年　　唐太宗贞观二十三年**

　　五月，唐太宗病死在翠微宫含风殿。

　　六月，太子李治即位，李治即唐高宗。

◆ **651年　　唐高宗永徽二年**

　　瑶池都督阿史那贺鲁反唐，率众西取咄陆可汗故地，进而统辖西突厥十姓之地，与唐为敌。

　　大食第三任哈里发奥斯曼遣使来唐，唐与大食的官方联系始此。

◆ **655年　　唐高宗永徽六年**

　　高宗李治废王皇后，立武则天为皇后。

◆ **656年　　唐高宗显庆元年**

　　《五代史志》（即《隋书》诸志）历时十五年终于修撰完成。

◆ **657年　　唐高宗显庆二年**

　　右屯卫将军苏定方生擒阿史那贺鲁，西突厥灭亡。唐在其地设置崑陵、濛池两个都护府，皆隶属于安西都护。

◆ **659年　　唐高宗显庆四年**

　　诏令将《贞观氏族志》改为《姓氏录》。同年，唐颁布了世界上第一部官修药典——《新修本草》。

◆ **663年　　唐高宗龙朔三年**

　　吐谷浑被吐蕃部攻克，其可汗诺曷钵率众归附于唐，安居在凉州（今甘肃武威市）一带。

◆ **668年　唐高宗总章元年**

高丽发生内乱，唐派遣李勣等一举攻克，俘虏了高丽末王高藏，并在其地设置安东都护府。

◆ **670年　唐高宗咸亨元年**

吐蕃攻陷龟兹拨换城（今新疆温宿），唐废除安西四镇。

◆ **679年　唐高宗调露元年**

安抚大使裴行俭平定了西突厥阿史那匐延都支的反叛，唐重置安西四镇，并将碎叶镇城代替了原四镇之一的焉耆。

◆ **682年　唐高宗永淳元年**

后突厥骨咄禄逐渐崛起并压制周边的回纥部，于是回纥西徙至甘州、凉州一带。

◆ **683年　唐高宗弘道元年**

唐高宗驾崩，太子李显即位，李显即唐中宗。武则天开始掌管朝政。

◆ **684年　唐中宗嗣圣元年**

二月，唐中宗被废，其弟李旦即位，李旦即唐睿宗，仍由武则天执政。

九月，徐敬业率众在扬州起事，以匡扶中宗复辟为由反抗武则天。三个月后兵败被杀。

◆ **690年　周武则天天授元年**

武则天废唐睿宗，自立为武周皇帝，改国号为"周"。

◆ 692年　周武则天长寿元年

武则天派遣王孝杰等攻克吐蕃，一举收复安西四镇。

◆ 694年　周武则天延载元年

波斯人佛多诞将摩尼教传入唐。

◆ 698年　周武则天圣历元年

突厥靺鞨首领大祚荣自立为震国王，活跃在东牟山（今吉林省敦化市西南）、奥娄河（今牡丹江上游）一带。为抵御其发展势头，武则天在河南、河北设置武骑团兵。

◆ 702年　周武则天长安二年

武则天在庭州再置北庭都护府，管理天山以北包括阿尔泰山和巴尔喀什湖以西的广大地区，北庭都护府仍隶属于安西都护府，管辖西突厥十姓部落。

◆ 705年　唐中宗神龙元年

正月，宰相张柬之、博陵郡王崔玄等发动政变，将张易之、张昌宗诛杀，逼迫武则天退位，迎立中宗李显复位。

二月，重新恢复国号唐。

◆ 706年　唐中宗神龙二年

唐朝与吐蕃使者会盟于长安，史称"神龙会盟"。

◆ 707年　唐中宗神龙三年

七月，太子李重俊发动政变，杀死武三思、武崇训父子及其同党数十人，后兵败被杀。

◆ 709年　唐中宗景龙三年

金城公主入吐蕃，与吐蕃赞普弃隶缩赞和亲。

◆ 710年　唐中宗景龙四年

六月，唐中宗驾崩，韦后临朝称制，并拥立其子重茂继位。唐睿宗之子李隆基与太平公主联合废掉了李重茂，杀韦后和安乐公主，迎立唐睿宗复位。

◆ 712年　唐玄宗先天元年

八月，李隆基即位，李隆基即唐玄宗。

◆ 713年　唐玄宗开元元年

唐玄宗册封靺鞨大祚荣为渤海郡王，以其地置忽汗州（今吉林敦化），并加授大祚荣为忽汗州都督。由此开始，其地去靺鞨之号，改称"渤海"。

◆ 721年　唐玄宗开元九年

监察御生宇文融建议检田括户，唐玄宗采纳其意见，并令其督办。

◆ 722年　唐玄宗开元十年

吐蕃夺小勃律九城，小勃律首领没谨忙联合唐军大破吐蕃，唐封没谨为小勃律王。

◆ 723年　唐玄宗开元十一年

玄宗采纳张说的建议，招募兵宿卫（号称"长从宿卫"），将政事堂名改为"中书门下"，并且列吏房、机务房、兵房、户房、刑礼房五房于其后。

◆ 725年　唐玄宗开元十三年

将"长从宿卫"改名为"𨥛骑"。同年，天文学家僧一行与梁令瓒研制成功水运浑天仪。南宫说等人借助一行之术在世界上第一次实测出地球子午线1度之弧长。

◆ **733年　唐玄宗开元二十一年**

唐将全国十道增改为十五道，各道均设置采访处置使，简称"采访使"，掌管检查刑狱和监察州县官吏。

◆ **734年　唐玄宗开元二十二年**

唐玄宗委任裴耀卿为江淮、河南都转运使，负责整顿漕运。裴耀卿在运河沿线设置粮仓，分段成功转运江淮仓米。同年，唐与吐蕃互派使臣在赤岭会盟并竖碑，双方正式明确划分边界。

◆ **737年　唐玄宗开元二十五年**

唐政府下敕"于诸色征人及客户中，召募丁壮，长充边军"，称之为"长征健儿"。同年，制定《开元二十五年令》，律令一千五百四十六条，共二十七篇三十卷。

◆ **738年　唐玄宗开元二十六年**

唐玄宗册封南诏国国王皮罗阁为"云南王"，并赐名"蒙归义"。同年，《唐六典》修撰完成。

◆ **742年　唐玄宗天宝元年**

全国兵丁人数达五十七万四千人，其中戍边士兵有四十九万人。

◆ **744年　唐玄宗天宝三年**

葛逻禄、回纥两部打败拔悉密部颉跌伊施可汗。同年，回纥部首领骨力裴罗受唐册封为骨咄禄毗伽阙"怀仁可汗"。

◆ 745年　唐玄宗天宝四年

回纥部灭后突厥。同年，唐玄宗下令将波斯（景教）寺改为大秦寺。

◆ 747年　唐玄宗天宝六年

八月，安西四镇节度副使高仙芝攻克唐属国小勃律。

◆ 749年　唐玄宗天宝八年

折冲诸府到了无兵可交的地步，权相李林甫遂请停上下鱼书（朝廷颁铜鱼符及敕书合成"鱼书"），唐由此废除府兵制。同年，陇右节度使哥舒翰攻破吐蕃石堡城（今青海湟源西南）。

◆ 750年　唐玄宗天宝九年

突厥部安禄山一人身兼范阳、平卢、河东三节度使。同年，南诏反叛唐，依附吐蕃。

◆ 753年　唐玄宗天宝十二年

十二月，鉴真和尚东渡日本传授戒法。

◆ 754年　唐玄宗天宝十三年

剑南节度留后李宓率兵七万击南诏，进至太和城，全军覆没。同年，全国户九百零六万九千一百五十四，唐朝达到极盛。

◆ 755年　唐玄宗天宝十四年

十一月，"安史之乱"爆发。为平定叛乱，唐诏令在军事要冲地区设置防御使。

十二月，叛军陷洛阳。宦官边令诚被任命为监门将军至陕州监军，边令诚进谗言于唐玄宗，赐死封常清、高仙芝。

◆ **756年　唐玄宗天宝十五年**

正月，安禄山在洛阳称帝，定国号为"燕"。

六月，叛军攻陷潼关。唐玄宗逃亡蜀地，退至马嵬驿时，兵士哗变，杨国忠被乱刀砍死，玄宗被迫缢杀杨贵妃，方才稳住军心。太子李亨向北逃亡灵武（今宁夏灵武西南），叛军进而攻陷长安。

七月，李亨在灵武即位，尊玄宗为太上皇。李亨即唐肃宗。

◆ **757年　唐肃宗至德二年**

正月，安禄山死于其子安庆绪之手。

九月，唐军联合回纥军收复长安。

十月，唐军攻破洛阳，安庆绪逃至邺郡（今河南安阳）。

◆ **758年　唐肃宗乾元元年**

唐委任宦官鱼朝恩为观军容使，总监郭子仪等九节度使。安庆绪被郭子仪等统兵二十余万所围困，随后唐军增至六十万。同年，唐设置度支、盐铁、都团练使，同时废除采访使，以观察使代之。

◆ **759年　唐肃宗乾元二年**

三月，史思明增援安庆绪，在邺城大败九节度使六十万兵。随后杀安庆绪，接受

郭子仪

其余部，还军范阳。

四月，史思明称帝，更国号"大燕"，建元顺天。

◆ **761年　唐肃宗上元二年**

三月，史思明被其子史朝义杀害。

◆ **762年　唐代宗宝应元年**

四月，唐玄宗、唐肃宗先后驾崩。张皇后欲扶立越王李係，宦官李辅国与另一宦官程元振合谋，幽禁张皇后，杀死越王李係，拥立太子李豫登基，李豫即唐代宗。

◆ **763年　唐代宗广德元年**

十月，吐蕃逼近京都，直取长安，唐代宗无奈出逃至陕州。一个多月后，郭子仪率军收复长安。神策军扈从唐代宗还朝，入京后被列为禁军。同年，史朝义自缢，余部归附于唐，"安史之乱"终告结束。

◆ **764年　唐代宗广德二年**

为筹措百官之俸，唐开始收取"青苗地头钱"。同年，吐蕃攻克凉州城。

◆ **766年　唐代宗大历元年**

吐蕃接连攻克甘州、肃州。同年，南诏王阁罗凤在都城太和城（今云南大理南太和村）立"南诏德化碑"，愿与唐世代友好。

◆ **779年　唐代宗大历十四年**

五月，唐代宗驾崩，太子李适即位，李适即唐德宗。

◆ **780年　唐德宗建中元年**

正月，唐废除租庸调制，推行两税法。

◆ 791年　唐德宗贞元七年

吐蕃攻克西州。

◆ 796年　唐德宗贞元十二年

六月，正式设立"左右神策中尉"，以窦文场为左神策护军中尉，霍仙鸣为右神策护军中尉，由此开始，出任中尉的宦官成为名正言顺的神策军长官。

◆ 801年　唐德宗贞元十七年

贾耽修撰完成《古今郡国县道四夷述》，同时还组织画工绘制成《海内华夷图》。杜佑修撰完成《通典》，通记历代典章制度建置沿革史。同年，骠国（即今天缅甸）王子舒难陀率领乐队及舞者抵达长安。

◆ 805年　唐德宗贞元二十一年

八月，宦官俱文珍、节度使韦皋等逼迫唐顺宗禅位给太子李纯，改元"永贞"，李纯即唐宪宗，史称"永贞内禅"。不久，主张打击宦官势力、革新政治的"二王八司马"遭贬，"永贞革新"以失败而告终。

◆ 808年　唐宪宗元和三年

牛僧孺、李宗闵等应直言极谏科，针砭时政，但所作策文触犯宰相李吉甫，因此主考官遭贬，牛僧孺党人全被驱逐，由此引发纠结40多年的"牛李党争"。

◆ 812年　唐宪宗元和七年

魏博节度使田季安暴死，众推衙内兵马使田兴继任节度使，田兴随后归附于朝。

◆ 813年　唐宪宗元和八年

　　李吉甫修撰完成地理名著《元和郡县图志》。

◆ 814年　唐宪宗元和九年

　　淮西节度使吴少阳死去，其子吴元济自立为帅，统领军务。

◆ 815年　唐宪宗元和十年

　　裴度拜相，以平贼为己任，讨伐淮西。

◆ 817年　唐宪宗元和十二年

　　十月，邓随节度使李愬雪夜袭蔡州，生擒吴元济，平定淮西。

◆ 818年　唐宪宗元和十三年

　　平卢淄青节度使李师道举兵反唐，唐宪宗调五道兵前往讨伐。

◆ 819年　唐宪宗元和十四年

　　淄青得以平定，成德节度使董温琪、卢龙节度使赵德钧请求入朝，藩镇割据之势暂时得以缓解。

◆ 820年　唐宪宗元和十五年

　　正月，唐宪宗被宦官陈弘杀害，其子李恒即位，李恒即唐穆宗。

◆ 821年　唐穆宗长庆元年

　　卢龙、成德二镇节度使再次举兵反叛。

◆ 822年　唐穆宗长庆二年

　　魏博镇反叛。由此，卢龙、成德、魏博这三个河北藩镇又重新反叛。

◆ 823年　唐穆宗长庆三年

　　唐与吐蕃将会盟之文刻石立碑，用汉藏两种文字书写，立于拉萨大昭寺门前。

◆ 824年　唐穆宗长庆四年

　　正月，唐穆宗驾崩，其子李湛即位，李湛即唐敬宗。

◆ 829年　唐文宗大和三年

　　南诏攻陷成都，大掠子女、百工数十万人及珍货而去。

◆ 835年　唐文宗大和九年

　　十一月，唐文宗李昂与李训、郑注等人引诱宦官仇士良当参观所谓"甘露"，企图行刺，但事情败露，宦官大肆屠杀朝官，株连甚众，史称"甘露之变"。

◆ 838年　唐文宗开成三年

　　日本僧人圆仁入唐求法。圆仁所撰《入唐求法巡礼记》《金刚顶经疏》等具有重要史料价值。

◆ 840年　唐文宗开成五年

　　正月，唐文宗驾崩，其弟李炎即位，李炎即唐武宗。同年，黠戛斯发兵攻灭回鹘。回鹘部被迫迁徙。

◆ 844年　唐武宗会昌四年

　　刘稹据泽潞镇反叛，李德裕用成德、魏博、河中等镇兵力进攻，泽潞平。史称"唐平刘稹泽潞之战"。

◆ **845年　唐武宗会昌五年**

　　唐武宗下令毁灭外来诸教，萨宝府随之罢废。同时还毁坏祆教、景教、摩尼教之祠寺，令僧徒还俗。

◆ **846年　唐武宗会昌六年**

　　李德裕被唐宣宗罢相，牛党开始当权，"牛李党争"终告结束。

◆ **848年　唐宣宗大中二年**

　　张议潮领导沙州人民起义，驱逐吐蕃守将，自治州事。后以其地归唐。

◆ **851年　唐宣宗大中五年**

　　八月，张议潮兄张议潭入朝，以沙、瓜等十一州图籍献于唐。唐宣宗任命张议潮为"归义军节度使"。

◆ **860年　唐懿宗咸通元年**

　　二月，剡县（今浙江嵊州西南）人裘甫攻入剡县，开仓赈粮，招募壮士，起义队伍迅猛发展。自称天下都知兵马使，改元罗平，铸印曰天平。

　　八月，起义军在重兵围攻下遭到重创，裘甫在突围中被俘，随后被杀。

◆ **868年　唐懿宗咸通九年**

　　七月，徐州戍卒庞勋起义在桂州发动农民起义，取兵甲自行北还。

　　十月，庞勋攻占徐州，庞勋军声名大振。

◆ **869年　唐懿宗咸通十年**

　　九月，庞勋起义失败。

◆ 873年　唐懿宗咸通十四年

七月，唐懿宗驾崩，其子李儇即位，李儇即唐僖宗。

◆ 875年　唐僖宗乾符二年

年初，濮州（今山东鄄城北）人王仙芝与尚让等（今河南长垣东北）聚众起义。王仙芝自称"天补平均大将军兼海内诸豪都统"，传檄诸道，指斥唐朝"吏贪沓，赋重，赏罚不平"。

五月，曹州冤句（今山东曹县西北）人黄巢起兵响应王仙芝起义。

◆ 876年　唐僖宗乾符三年

王仙芝与黄巢分兵作战，连克数州。起义军声势浩大，唐统治者惊慌失措，连忙实施怀柔政策。

◆ 878年　唐僖宗乾符五年

二月，王仙芝在湖北黄梅被围战死，尚让带领余部与黄巢部会合，共推黄巢为黄王，号"冲天大将军"。同年，起义军遇阻，于是黄巢率众南下。

◆ 879年　唐僖宗乾符六年

九月，黄巢攻占广州，大肆屠城。

冬，起义军挥师大举北伐。

◆ 880年　唐僖宗广明元年

十一月，起义军攻克东都洛阳。

十二月，唐僖宗携宦官田令孜等逃至蜀地。起义军继而攻取长安，黄巢称帝，建国号大齐。

◆ 881年　唐僖宗中和元年

　　唐廷赦免李国昌、李克用父子之罪，召李克用镇压黄巢起义军。同时，唐僖宗逃至成都后，令宦官田令孜总领禁军，于是，田令孜开始把持朝政。

◆ 883年　唐僖宗中和三年

　　李克用被委以河东节度使，开始据守太原。同年，朱温被委以宣武节度使，开始据守汴州。黄巢力战不胜，巷战又败，于是率部众退出长安东撤。

◆ 884年　唐僖宗中和四年

　　六月，黄巢兵败泰山狼虎谷，被杀于此地，起义以失败告终。

◆ 885年　唐僖宗光启元年

　　三月，唐僖宗返回长安。

　　十二月，河中节度使王重荣联合李克用进逼长安，唐僖宗逃亡至凤翔（今陕西宝鸡）。

◆ 888年　唐僖宗文德元年

　　三月，唐僖宗驾崩，其弟李晔继位，李晔即唐昭宗。

◆ 891年　唐昭宗大顺二年

　　王建攻入成都，占据西川之地，入住西川府。

◆ 900年　唐昭宗光化三年

　　十一月，神策中尉刘季述、王仲先等废除唐昭宗，拥立太子李裕为帝。

◆ 901年　唐昭宗天复元年

　　冬，宰相崔胤召梁王朱温入关，谋划诛杀宦官。宦官劫昭宗逃至凤翔，依附于李茂贞。朱温率兵攻入凤翔。

◆ **903年　唐昭宗天复三年**

李茂贞迫于情势危急，护送唐昭宗出凤翔。

朱温拥立唐昭宗回长安复位，随后废除神策军中尉，诛戮宦官，开始用朝臣充任枢密使。

◆ **904年　唐昭宗天复四年**

正月，朱温逼迫唐昭宗迁至洛阳。

八月，朱温派人将唐昭宗杀害，继而拥立昭宗第九子李柷为帝，李柷即唐哀帝。

◆ **905年　唐哀帝天祐二年**

朱温贬黜朝臣，随即在白马驿杀害被贬朝官三十多人，并将尸体投于河中，史称"白马驿之祸"。同年，吴王杨行密去世，其子杨渥立，大将徐温、张颢把持着军政大权。

◆ **907年　唐哀帝天祐四年**

朱温逼迫唐哀帝下诏于二月行传禅之礼，唐哀帝成为济阴王，迁曹州，唐朝灭亡。

五代十国

（907—960年）

　　五代十国并非指一个朝代，而是指一个特殊的历史时期。一般认为，这一阶段从907年朱温灭唐开始，至960年北宋建立，历时共53年。五代十国是一个大混乱大破坏的时期，其历史特点是战事纷起，政权频繁更迭。五代指的是中原地区的五个王朝，即后梁、后唐、后晋、后汉、后周这五个次第更迭的政权；十国指与五代几乎同时存在的十个割据政权，即前蜀、后蜀、吴、南唐、吴越、闽、楚、南汉、南平（即荆南）、北汉。

◆ **907年　　后梁太祖开平元年**

　　四月，朱温即帝位，国号为"梁"，史称"后梁"。朱温改名为朱晃，是为梁太祖，定都开封。后梁加封马殷为楚王，加封钱镠为吴越王。同年，契丹族耶律阿保机统一契丹八部，设官统领部众；西川王建称帝，建国号蜀，史称"前蜀"。

◆ **909年　　后梁太祖开平三年**

　　后梁将都城迁至洛阳。

◆ **912年　　后梁太祖乾化二年**

　　六月，朱友珪弑杀其父朱温，欲篡位称帝。

◆ 913年　后梁乾化三年

二月，朱温第三子朱友贞发动政变，逼朱友珪自杀，朱友贞即位，朱友贞即后梁末帝。后梁重新还都开封。（三月末帝改元乾化，史称末帝乾化元年）

◆ 916年　后梁末帝贞明二年

契丹族首领耶律阿保机自称帝，建契丹国，建都城皇城（即后来的上京）。耶律阿保机即辽太祖。

◆ 918年　后梁末帝贞明四年

岭南刘隐、刘岩兄弟改国号为汉，定都广州番禺（今广东广州），史称"南汉"。

◆ 920年　后梁末帝贞明六年

后梁陈州（今河南淮阳县）人毋乙、董乙起义，数月后兵败。同年（契丹神册五年），辽太祖颁行仿照汉字创造的契丹国字，即契丹大字。

◆ 921年　契丹神册六年

五月，辽太祖诏定法律，更正官爵。

◆ 923年　后唐庄宗同光元年

四月，晋王李存勖在魏州称帝，李存勖即后唐庄宗，定国号唐，史称"后唐"。

十月，唐庄宗攻克开封，后梁末帝被逼自杀，后梁由此灭亡。

后唐庄宗李存勖

◆ 925年　　后唐庄宗同光三年

后唐灭亡前蜀，后唐授孟知祥为成都西川节度使。

◆ 926年　　后唐庄宗同光四年

正月，孟知祥入主成都。

七月，耶律阿保机去世，次子德光即位，耶律德光即辽太宗。

◆ 930年　　后唐明宗长兴元年

后唐设置三司使（盐铁、户部、度支三使），掌管国家财政。

◆ 932年　　后唐明宗长兴三年

后唐令国子监依照西京的《石经》来校正《九经》，并将其刻版印制。官方大规模刻书由此开始。

◆ 934年　　后唐闵帝应顺元年

孟知祥在成都称帝，改元"明德"，定国号蜀，史称"后蜀"。

◆ 936年　　后唐末帝清泰三年

五月，河东节度使石敬瑭反叛后唐，请以幽蓟十六州为代价，求援于契丹。

九月，契丹挥师南下，大败后唐军。

十一月，石敬瑭被契丹国辽太宗册封为帝，并甘愿称"儿皇帝"。定国号晋，史称"后晋"。

闰十一月，石敬瑭攻破洛阳，后唐末帝李从珂自焚而死，后唐灭亡。

◆ 937年　　后晋高祖天福二年

后晋将都城迁至开封。同年，吴主杨溥吴正式册命徐知诰为齐国王。

◆ 938年　　后晋高祖天福三年

徐知诰改元"昇元"，定国号唐，史称"南唐"。

石敬瑭割燕云十六州与契丹。辽太宗诏以皇都为上京，升幽州为南京，南京为东京。

◆ 942年　　后晋高祖天福七年

后晋高祖石敬瑭去世，其侄石重贵即位，石重贵即出帝（又称少帝）。

◆ 946年　　后晋出帝开运三年

十二月，辽兵攻下开封，俘后晋帝石重贵北迁，后晋亡。

◆ 947年　　后晋出帝开运四年

辽天禄元年二月，河东节度使刘知远称帝于太原。六月，复都开封，国号汉，史称后汉。

正月，辽太宗耶律德光入汴京，改国号辽，四月，辽太宗北返，至栾城卒。

◆ 948年　　后汉高祖乾祐元年

正月，后汉高祖刘知远卒，子承祐继位，是为隐帝。

◆ 950年　　后汉高祖乾祐三年

郭威自邺城起兵，攻入开封，隐帝被杀，后汉亡。

◆ 951年　　后周太祖广顺元年

正月，郭威称帝于开封，是为后周太祖郭威，国号周，史称后周。

刘知远弟刘崇称帝于太原，改名旻，国号汉，史称北汉。

◆ 954年　　后周太祖显德元年

正月，后周太祖郭威卒，养子柴荣继位，是为后周世宗柴荣。

十月，世宗大阅禁军，置殿前军，以殿前都点检、副都点检统之。

◆ 955年　　后周世宗显德二年

后周世宗下令费毁佛寺三万多所，僧尼入编还俗，销毁铜佛像并将其铸成钱币。同年，后周大败后蜀，获秦、阶、成、凤四州。

◆ 957年　　后周世宗显德四年

后周世宗诏集大臣修撰完成《大周刑统》。

◆ 958年　　后周世宗显德五年

南唐主李璟向后周称臣，主动献出江北、淮南十四州。

◆ 959年　　后周世宗显德六年

辽国发生内乱，后周世宗趁机亲征，获得瀛、莫、易三州和瓦桥、益津、淤口三关。

◆ 960年　　后周恭帝显德七年

正月，赵匡胤废后周恭帝，后周灭亡。

宋元

宋

（960—1279年）

　　宋朝是中国历史上承五代十国、下启元朝的朝代。960年，赵匡胤建立宋朝，定都汴梁（今河南开封），史称"北宋"。靖康年间，金兵攻陷汴京，北宋灭亡。1127年，徽宗第九子赵构在临安（今杭州）重建宋王朝，史称"南宋"。宋朝共历18帝，历时320年。宋朝是中国历史上经济与文化教育最繁荣的时代之一。但是，宋朝并非一个大一统的王朝，当时与宋并立的政权有辽、西夏、金、蒙古等。

◆ 960年　宋太祖建隆元年

　　陈桥兵变，赵匡胤被手下黄袍加身，夺取了后周政权。赵匡胤定国号为"宋"，赵宋王朝建立。赵匡胤即宋代的开国皇帝宋太祖。

◆ 963年　宋太祖乾德元年

　　宋挥师攻打周保权，借道江陵，高继冲献其地归降，南平灭亡。周保权降宋，湖南全境得以平定。

◆ 965年　宋太祖乾德三年

　　宋兵攻打蜀地，孟昶出降，后蜀灭亡。

◆ 975年　　宋太祖开宝八年

十一月，南唐后主李煜被宋军俘虏，南唐灭亡。

◆ 976年　　宋太宗太平兴国元年

宋太祖暴卒，其弟赵光义称帝即位，赵光义即宋太宗。

◆ 978年　　宋太宗太平兴国三年

钱俶纳地向宋称臣，吴越灭亡。陈洪献泉、漳二州投降于宋。

◆ 979年　　宋太宗太平兴国四年

北汉主刘继元投降于宋，北汉灭亡。宋向辽南京（今北京）进军，在高梁河被辽击败。

◆ 986年　　宋太宗雍熙三年

宋军分路攻辽，在歧沟关一带被辽击溃。

◆ 990年　　辽圣宗统和八年

辽加封党项族平夏部李继迁为夏国王。

◆ 993年　　宋太宗淳化四年

二月，四川王小波率众起义。

十二月，王小波战死，部众推选李顺为主帅。

◆ 994年　　宋太宗淳化五年

五月，李顺遭官军伏击失败，其余部推选张余为主帅。

十月，契丹颁布均税法。

◆ 995年　宋太宗至道元年

二月，张余败亡，王小波李顺起义以失败告终。

◆ 997年　宋太宗至道三年

宋太宗驾崩，太子赵恒即位，赵恒即宋真宗。

◆ 1002年　宋真宗咸平五年

李继迁集结重兵攻陷灵州（今宁夏灵武西南）。

◆ 1004年　宋真宗景德元年

契丹辽国大举攻宋。宋真宗亲征，宋军士气鼓舞。在占有优势的局面下，宋真宗却接受议和，双方订立"澶渊之盟"。

◆ 1029年　辽圣宗太平九年

东京舍利军详稳大延琳起兵反辽，后自称帝，建国号兴辽，年号天庆；次年被捕，起义失败。

◆ 1038年　西夏景宗天授礼法延祚元年

党项族首领李元昊称帝，李元昊即西夏景宗，定都兴庆府，建国号大夏，史称"西夏"。

◆ 1039年　西夏景宗天授礼法延祚二年

西夏制定临朝的仪式，并建立蕃学（党项学）。

◆ 1041年　西夏景宗天授礼法延祚四年

西夏派军攻宋，大败宋军于好水川（今宁夏隆德至西吉两县间）。

◆ 1042年　西夏景宗天授礼法延祚五年

宋每年向契丹的朝贡中，白银增加十万两，绢增加十万匹。同年，西夏景宗攻打宋朝的镇戎军，败宋军于定川砦（今宁夏固原西北）。

◆ **1043年　西夏景宗天授礼法延祚六年**

宋与西夏达成和议，宋朝册封李元昊为夏国主。

◆ **1044年　西夏景宗天授礼法延祚七年**

辽兴宗亲自率领各道兵马攻打西夏，大败而归。

◆ **1048年　西夏景宗天授礼法延祚十一年**

西夏太子宁凌噶与浪烈谋杀西夏景宗，西夏谅祚（毅宗）即位，李谅祚即西夏毅宗。

◆ **1061年　西夏毅宗奲都五年**

西夏毅宗李谅祚诛杀没藏讹庞，废除党项蕃礼，改用汉人礼仪。

◆ **1063年　辽道宗清宁九年**

契丹国皇太叔耶律重元发动叛乱，后兵败被杀。

◆ **1066年　辽道宗咸雍二年**

契丹重新恢复大辽国号。

◆ **1069年　宋神宗熙宁二年**

王安石担任宋朝宰相，开始推行一系列的变法。

◆ **1077年　辽道宗大康三年**

北院枢密使耶律乙辛密谋篡权，暗中将皇太子杀害。

◆ **1081年　西夏惠宗大安七年**

西夏惠宗被梁太后囚禁。同年，宋军攻打西夏，在灵州被西夏击败。

◆ 1082年　西夏惠宗大安八年

西夏率军攻打宋永乐城（今陕西米脂县西），宋军溃败。

◆ 1085年　宋神宗元丰八年

宋神宗驾崩。高太后执掌朝政，重用司马光，废止王安石的"熙宁新法"。

◆ 1094年　宋哲宗绍圣元年

宋哲宗执掌朝政，重新任用变法派，排斥守旧派。

◆ 1102年　宋徽宗崇宁元年

宋徽宗任用蔡京为相，并竖元祐党人碑。

◆ 1104年　宋徽宗崇宁三年

宋军攻克鄯州、廓州二地，占领河湟地区。

◆ 1105年　宋徽宗崇宁四年

宋设立应奉局，开建花石纲（即专运送奇花异石以满足皇帝喜好的特殊运输通道）。

◆ 1115年　宋徽宗政和五年

宋军在古骨龙城（后赐名"震武城"）大败西夏军。继而进攻藏底河城，遭遇失败。

辽完颜阿骨打称帝，国号大金。完颜阿骨打即金太祖，后其改汉名为完颜旻。

◆ 1118年　宋徽宗重和元年

宋派遣使者渡海前往东北，与金朝商定共同出兵夹攻辽。

◆ **1119年　宋徽宗宣和元年**

宋军出兵攻打西夏的统安城（今陕西横山西），大败而归。西夏军围住宋朝的震武城，被宋军击溃。双方休战议和。

◆ **1120年　宋徽宗宣和二年**

宋两浙、江东地区爆发方腊农民起义。同年，金太祖攻占辽上京，辽天祚帝逃至辽西京（今山西大同）。

◆ **1121年　宋徽宗宣和三年**

方腊兵败被俘，而后被杀。

◆ **1122年　辽天祚帝保大二年**

金国派兵攻取辽中京（今内蒙古赤峰）、西京（今山西大同）。辽天祚帝逃奔夹山，耶律淳在耶律大石、回离保（萧干，奚族首领）等大臣的拥立下称帝，改元建福，不久就病死，燕京（今北京）被金国占领。同年，西夏派兵支援辽国，结果大败而归。

◆ **1123年　宋徽宗宣和五年**

宋朝用代税钱向金国赎回燕山府等地。金太祖因病去世，吴乞买即帝位，吴乞买即金太宗完颜晟。同年，辽国大臣回离保返回箭笴山（今河北青龙县）自立为皇帝，史称奚国皇帝，改元天复，不久就灭亡了。

◆ **1124年　宋徽宗宣和六年**

宋朝开始征收免夫钱。辽耶律大石率部往西逃窜，自封为王。辽国天祚帝率军离开夹山，被金军击败。西夏臣服于金。

◆ **1125年　宋徽宗宣和七年**

金兵俘获辽天祚帝，辽国灭亡。同年，金朝派完颜宗翰、颜宗望兵分两路攻打宋朝。

◆ **1126年　宋钦宗靖康元年**

金军攻破北宋都城开封。

◆ **1127年　宋高宗建炎元年**

金军俘虏宋朝徽、钦二帝，胜利回朝。北宋被灭亡。同年，宋康王赵构在南京应天府登基称帝，赵构即宋高宗，南宋开始。

◆ **1128年　宋高宗建炎二年**

金国派遣完颜宗翰、完颜宗辅攻打南宋。宋朝东京留守宗泽将各地义军联合起来，共同击退金军的侵略，不久去世了。

◆ **1129年　宋高宗建炎三年**

金军挥师南下攻占扬州，宋高宗向江南逃奔，并将行宫所在地迁到杭州。宋苗傅、刘正彦发动叛乱，很快败露。金军渡江攻宋，宋王室被迫在海上流亡。

◆ **1130年　宋高宗建炎四年**

金军攻打宋国，屡次遭到挫败，退兵江北。宋军在富平被金军击败，陕西大部遂相继落入金人之手。同年，秦桧被金朝放归，金立宋朝降臣刘豫为大齐皇帝，建都大名府（今河北大名县）。

◆ **1134年　宋高宗绍兴四年**

宋朝大将岳飞率领军队收复襄汉六郡，并派兵向东援助庐州。

◆ **1135年　宋高宗绍兴五年**

金朝改定国内的政治制度。金太宗去世。完颜亶即位，完颜亶即金熙宗。

◆ **1136年　宋高宗绍兴六年**

岳飞派军突然袭击伊洛地区（今河南巩县）。岳飞军击退金、齐两军的进犯，军队在卞（今河南开封）围攻蔡州尚书省。

◆ **1137年　宋高宗绍兴七年**

宋朝淮西地区（今安徽凤台）爆发兵变，郦琼率领大部分的左护军投降了齐。同年，金熙宗废除刘豫的齐国政权，设置行台。

◆ **1138年　金熙宗天眷元年**

正月，金颁布推行女真小字。

◆ **1139年　宋高宗绍兴九年**

金将宋河南、陕西之地归还。同年，完颜宗磐、完颜宗隽、完颜昌等大臣被金熙宗以谋反罪名诛杀，熙宗任命完颜宗弼为都元帅，以完颜宗干为太师，领三省事。

◆ **1140年　宋高宗绍兴十年**

金毁弃合约，由完颜宗弼领兵南下。宋刘军在顺昌（今安徽阜阳）大败金军。同年，岳飞率军挺进中原，大败金军于郾城（今河南郾城县），宋廷随后召其班师回朝。

◆ **1141年　宋高宗绍兴十一年**

宋金双方在淮西展开会战，宋军在濠州大败于柘皋。同年，宋廷将岳飞、张俊、韩世忠兵权夺去。吴玠军于剡家湾大败金军。宋金议和，史称"绍兴和议"。事后，岳飞遭陷害而死。

◆ **1142年　宋高宗绍兴十二年**

宋金之间划分地界，宋高宗赵构向金称臣，金将康王册封为宋帝。

◆ **1149年　金熙宗皇统九年**

金海陵王完颜亮谋杀金熙宗，随即称帝。

◆ **1152年　金海陵王天德四年**

海陵王完颜亮将都城迁至燕京（今北京）。

◆ **1159年　金海陵王正隆四年**

海陵王建造战船，编定各路兵丁及军器，欲全力攻打宋朝。

◆ **1160年　宋高宗绍兴三十年**

宋颁行东南会子（性质近于汇票）。

◆ **1161年　宋高宗绍兴三十一年**

九月，海陵王率领三十二总管兵全力攻宋。

十一月，海陵王攻宋，金军渡江未成，采石之战失败，海陵王被部下杀害。

◆ **1163年　宋孝宗隆兴元年**

金大定三年，东南宋军北伐，在符离（今安徽宿州北）被金军击溃。

◆ **1164年　宋孝宗隆兴二年**

宋金"隆兴和议"，南宋与金订立第二个屈辱和约。

◆ **1165年　宋孝宗乾道元年**

宋金双方达成议和，宋向金称"侄皇帝"，并割让海、泗、唐、邓、商、秦等地，岁贡银达二十万两，绢二十万匹。

◆ **1170年　西夏仁宗乾祐元年**

西夏权相任得敬逼迫仁宗李仁孝，将西南路及灵州罗庞岭之地据为己有，称楚国。

◆ **1189年　金世宗大定二十九年**

正月，金世宗驾崩，皇太孙完颜璟即位，完颜璟即金章宗。

◆ **1190年　西夏仁宗乾祐二十一年**

西夏骨勒茂才撰修完成《番汉合时掌中珠》。

◆ **1191年　金章宗明昌二年**

十二月，金下诏废除契丹字。

◆ **1194年　宋光宗绍熙五年**

吴太后扶持赵扩即位，赵扩即宋宁宗。

◆ **1195年　宋宁宗庆元元年**

宰相赵汝愚等遭贬，权臣韩侂胄开始执掌政权，发动"庆元党禁"。

◆ **1196年　金章宗承安元年**

金军兵分两路向北攻打鞑靼（北方的一支游牧

民族）。

◆ **1198年　金章宗承安三年**

　　金将完颜襄等从临潢进军击退鞑靼。为抵御北方部族入侵，便在临潢左界至北京路一带修筑壕障。西京、西北路皆修边堡以效仿。

◆ **1201年　金章宗泰和元年**

　　十二月，金制定完成《泰和律》。

◆ **1206年　宋宁宗开禧二年**

　　西夏镇夷郡王安全（襄宗）废桓宗李纯祐，自称帝。金册封安全为夏国王。同年，铁木真统一蒙古草原的众部族，建立蒙古国，在部落联盟会议上他被加封为"成吉思汗"。

◆ **1207年　宋宁宗开禧三年**

　　宋金开始议和。同年，成吉思汗进军西夏，攻克斡罗孩城（今内蒙古鄂尔多斯境，一说今阿拉善右旗境）。

◆ **1208年　宋宁宗嘉定元年**

　　宋金双方重订和约，宋以韩侂胄的首级换回失地，宋臣史弥远开始专权。

◆ **1209年　西夏襄宗应天四年**

　　成吉思汗围攻西夏中兴府，西夏襄宗献出美女以求和罢战。

◆ **1213年　金宣宗贞祐元年**

　　蒙古兵分三路攻打金。同时，西夏军亦围攻金。

◆ **1214年　宋宁宗嘉定七年**

金宣宗向蒙古纳献子女、金帛以求和，随后金迁都汴京，史称"宣宗南迁"。宋停止向金朝纳岁币。

◆ **1215年　金宣宗贞祐三年**

金宣抚使蒲鲜万奴在辽东称天王，建国号"大真"。

◆ **1216年　宋宁宗嘉定九年**

蒙古派将领木华黎讨伐锦州张致，攻克辽东诸郡。

◆ **1217年　宋宁宗嘉定十年**

木华黎被加封为太师国王，奉命经略中原，专门对付金。

◆ **1218年　蒙古太祖十三年**

成吉思汗派遣术赤发兵，征服吉利吉思等部；还派遣哲别灭掉屈出律，征服西辽。

◆ **1219年　蒙古太祖十四年**

成吉思汗发兵西征花剌子模（阿姆河下游的一个国家）。同年，木华黎攻克山西诸路。

◆ **1220年　蒙古太祖十五年**

蒙古军攻克撒麻耳干等城，花剌子模算端摩诃末逃至里海岛，不久死去。

◆ **1221年　蒙古太祖十六年**

蒙古军攻克玉龙杰赤和呼罗珊诸城，将花剌子模算端札阑丁追至印度河，札阑丁兵败后逃至印度。

◆ **1224年　宋宁宗嘉定十七年**

　　宋宁宗驾崩，史弥远废除皇子，扶立赵昀登基，赵昀即宋理宗。

◆ **1225年　宋理宗宝庆元年**

　　北方义军将领彭义斌攻打蒙古军，兵败而死。同年，金与西夏达成和议，西夏视金为兄长。

◆ **1226年　西夏献宗乾定四年**

　　蒙古军攻克西夏西凉府，进而围攻中兴府。

◆ **1227年　西夏末帝宝义元年**

　　蒙古攻灭西夏。同年，成吉思汗在清水县病逝，其幼子拖雷监国。

◆ **1229年　蒙古太宗元年**

　　窝阔台即蒙古大汗之位，颁布大札撒，制定中原西域税法。

◆ **1230年　蒙古太宗二年**

　　蒙古设置十路征收课税所，任命耶律楚材主持管理其事。同年，窝阔台、拖雷发兵征讨金。

◆ **1231年　蒙古太宗三年**

　　拖雷军进入汉中之境，借道于宋攻金；窝阔台取金河中府。同年，蒙古军入侵高丽。

◆ **1232年　金哀宗天兴元年**

　　金都城汴京遭拖雷军围困，金哀宗出逃汴京。

◆ **1233年　宋理宗绍定六年**

宋应约发兵联合蒙古军灭金，围攻金哀宗避难的蔡州。

◆ **1234年　宋理宗端平元年**

蔡州城破，金哀宗自缢而死，刚即位的金末帝完颜承麟被杀，金灭亡。同年，宋发兵欲收复东、西、南三京，大败于蒙古军。

◆ **1235年　宋理宗端平二年**

窝阔台下令建造和林城，同时发兵攻南宋。同年，蒙古括中原诸路民户。

◆ **1236年　宋理宗端平三年**

窝阔台将中原民户分赐给诸王、贵戚和勋臣，修五户丝制。

◆ **1238年　宋理宗嘉熙二年**

中原诸路僧、道、儒生接受蒙古选拔考试。

◆ **1240年　宋理宗嘉熙四年**

蒙古将领拔都等攻克乞瓦等城，征服斡罗思诸国。

◆ **1241年　宋理宗淳祐元年**

拔都率军分兵攻打马札儿、孛烈儿。蒙古军在里格尼茨击溃孛烈儿等军。

◆ **1242年　宋理宗淳祐二年**

余玠镇守四川，全面实行"依山筑垒"的方略，以抵抗蒙古军。

◆ 1248年　宋理宗淳祐八年

拔都召集王公贵族合议，共推蒙哥为大汗。窝阔台、察合台两系诸王反。

◆ 1251年　宋理宗淳祐十一年

蒙哥即大汗位，忽必烈奉命统领漠南汉地军国重事，旭烈兀奉命统领阿母河以西诸地军国重事。

◆ 1253年　宋理宗宝祐元年

忽必烈攻伐大理。旭烈兀开始西征。

◆ 1257年　宋理宗宝祐五年

蒙哥南下亲征，阿里不哥留守蒙古。

◆ 1258年　宋理宗宝祐六年

诸王塔察儿率领东路军攻宋，未克，继而东路军由忽必烈统领。

◆ 1260年　蒙古世祖中统元年

忽必烈即大汗位，设置中书省、十路宣抚司。同年，颁行中统元宝交钞。

◆ 1264年　蒙古世祖至元元年

七月，叛军阿里不哥归降。

八月，燕京改为中都。

◆ 1268年　蒙古世祖至元五年

忽必烈采纳南宋降将刘整之策，出兵围攻襄、樊。窝阔台系后王海都联合察合台系后王反元。

◆ 1269年　蒙古世祖至元六年

忽必烈设四道提刑按察司。同年，颁行八思巴字。

◆ 1270年　蒙古世祖至元七年

正月，忽必烈设立尚书省。

二月，再设立司农司（后改大司农司）。

◆ 1273年　宋度宗咸淳九年

正月，襄樊之战，元军攻克樊城。

◆ 1274年　宋度宗咸淳十年

伯颜统帅二十万大军南下伐宋。

◆ 1275年　宋恭帝德祐元年

宋元两军在池州（今安徽池州市）下游丁家州会战，元军连克建康、平江、常州等地，大败宋军，进而逼近南宋都城临安（今浙江杭州）。南宋将领文天祥等起兵抗元。

◆ 1276年　宋端宗景炎元年

正月，南宋幼帝出降，元军攻克临安。

◆ 1278年　宋帝昺祥兴元年

宋端宗病逝，卫王赵昺被大臣张世杰、陆秀夫等扶立为帝，迁至广东新会海中崖山。

◆ 1279年　宋帝昺祥兴二年

正月，元军攻至崖山，南宋末帝溺水而死，南宋灭亡。

元

（1271—1368年）

　　元朝，是中国历史上第一个由少数民族（蒙古族）建立并统治全国的封建王朝。1206年，成吉思汗建立蒙古国。1271年，忽必烈取《易经》中"大哉乾元"之意，改国号为"元"。1279年，元统一全国。元朝的疆域空前辽阔，开创了我国统一多民族国家发展的新局面。1368年，元朝被朱元璋建立的明政权灭亡。元朝自成吉思汗起，历经15帝163年，自1271年忽必烈定国号起，历11帝98年。

◆ **1271年　元世祖至元八年**

　　十一月，忽必烈建国号为元。同年，派皇子北平王那木罕镇守阿力麻里（今新疆伊犁霍城县境内）。

◆ **1272年　元世祖至元九年**

　　二月，元将中都改为大都（今北京）。

◆ **1279年　元世祖至元十六年**

　　三月，忽必烈采纳郭守敬建议，派官吏先后四次外出测量晷度，全国有二十七处测验点。

◆ **1281年　元世祖至元十八年**

　　忽必烈将郭守敬等人编制的《授时历》颁行天下。

◆ 1283年　　元世祖至元二十年

元朝出兵入侵缅国。同年，江南各族人民纷纷起义。

◆ 1284年　　元世祖至元二十一年

元军侵占城（今越南中南部城）、安南（今越南北部城）。

◆ 1286年　　元世祖至元二十三年

六月，元向诸路颁布《农桑辑要》。

◆ 1287年　　元世祖至元二十四年

四月，诸王乃颜叛乱，忽必烈率军亲征，乃颜兵败被俘，后被处死。同年，福建钟明亮起义。

◆ 1289年　　元世祖至元二十六年

二月，将江南户民编入户籍。

◆ 1291年　　元世祖至元二十八年

二月，元世祖忽必烈将提刑按察司改为肃政廉访司。

五月，元朝颁布实施《至元新格》。

◆ 1292年　　元世祖至元二十九年

九月，元廷设置乌思藏纳里速古鲁孙等三路宣慰使司都元帅府。同年，元出兵攻打爪哇。

◆ 1293年　　元世祖至元三十年

七月，通惠河开凿成功，漕运粮饷能够直通元大都。

◆ 1294年　　元世祖至元三十一年

正月，忽必烈驾崩。

四月，铁穆耳即位，铁穆耳即元成宗。

119

◆ 1300年　　元成宗大德四年

十二月，元成宗发军征讨八百媳妇国（其辖境在今云南西双版纳以南）。

◆ 1301年　　元成宗大德五年

五月，云南宋隆济、贵州蛇节相继起兵反元，围攻欲进军八百媳妇国的元军。

◆ 1303年　　元成宗大德七年

三月，官方重修完成《大元大一统志》。

◆ 1304年　　元成宗大德八年

元朝与西北诸王议和，互派使者，以示友好。

◆ 1307年　　元成宗大德十一年

正月，元成宗驾崩。

三月，元成宗侄子爱育黎拔力八达叛变，夺取大权，迎立其兄海山。

五月，海山即位，海山即元武宗。立爱育黎拔力八达为皇太子。

◆ 1311年　　元武宗至大四年

正月，元武宗驾崩。爱育黎拔力八达执政。

三月，爱育黎拔力八达即位，爱育黎拔力八达即元仁宗。

◆ 1313年　　元仁宗皇庆二年

十一月，元朝推行科举制。

◆ 1314年　　元仁宗延祐元年

十月，元仁宗派遣张驴等到江南地区查勘田粮。

◆ **1315年　　元仁宗延祐二年**

　　七月，赣州蔡五九率众起事，抗议元廷经管田粮；不久败死。

◆ **1320年　　元仁宗延祐七年**

　　正月，元仁宗驾崩。

　　三月，太子硕德八剌即位，硕德八剌即元英宗。

◆ **1323年　　元英宗至治三年**

　　二月，修撰完成《大元通制》，继而颁行天下。

　　八月，硕德八剌从上都回朝，被铁失谋杀在南坡驻地。

　　九月，晋王也孙铁木儿即位，也孙铁木儿即泰定帝。

◆ **1328年　　元文宗天历元年**

　　七月，泰定帝驾崩。

　　九月，皇太子阿速吉八在上都即位。与此同时，燕铁木儿在大都反叛，扶立元武宗之子图帖睦尔为帝，图帖睦尔即元文宗。元朝出现上都、大都两个政权并立局面。

　　十月，上都政权被挫败。

　　十一月，图帖睦尔遣使前往漠北迎其兄和世㻋。

◆ **1329年　　元文宗天历二年**

　　正月，和世㻋即位，和世㻋即元明宗。

　　五月，图帖睦尔被和世㻋立为皇太子。

　　八月，和世㻋与图帖睦尔在王忽察都会合，不几日，和世㻋暴卒。图帖睦尔复位。

◆ 1331年　　元文宗至顺二年

　　五月，官方修撰完成《经世大典》。

◆ 1333年　　元顺帝元统元年

　　和世琜长子妥懽帖睦尔即位，妥懽帖睦尔即元顺帝。

◆ 1337年　　元顺帝后至元三年

　　各地纷纷起义，广州朱光卿、汝宁信阳州棒胡、广西瑶民等皆竖立反元大旗。

◆ 1338年　　元顺帝后至元四年

　　六月，袁州周子旺、漳州李志甫先后起义。

◆ 1344年　　元顺帝至正四年

　　五月，黄河溃决，山东、河北民众受灾严重。

◆ 1345年　　元顺帝至正五年

　　十月，官方修撰完成《辽史》《金史》《宋史》。

◆ 1348年　　元顺帝至正八年

　　台州方国珍聚众在海上起事。

◆ 1351年　　元顺帝至正十一年

　　四月，元廷征伐民工十三万，军队二万治理黄河。历时半年多，黄河堤成。

　　五月，颍州刘福通率众起义。

　　八月，蕲州徐寿辉发兵起义。后建立天完政权。

◆ 1352年　　元顺帝至正十二年

　　二月，濠州郭子兴、孙德崖等起义。

　　三月，朱元璋投奔郭子兴。

◆ **1353年　元顺帝至正十三年**
　　正月，淮东张士诚率众起义，攻破高邮等地。

◆ **1354年　元顺帝至正十四年**
　　正月，张士诚自称诚王，建国号大周。
　　九月，元丞相脱脱大举围攻高邮。

◆ **1355年　元顺帝至正十五年**
　　二月，韩山童之子韩林儿被刘福通等扶立为帝，建国号宋，改元"龙凤"。韩林儿号小明王。

◆ **1356年　元顺帝至正十六年**
　　二月，张士诚部渡江攻破平江等地。
　　三月，朱元璋部占领集庆（今江苏南京）。

◆ **1357年　元顺帝至正十七年**
　　张士诚归降元，被封为太尉。

◆ **1358年　元顺帝至正十八年**
　　五月，刘福通攻打汴梁。

◆ **1359年　元顺帝至正十九年**
　　九月，元大举反攻，攻陷汴梁城。韩林儿、刘福通等出逃安丰。

◆ **1360年　元顺帝至正二十年**
　　五月，天完红巾军元帅陈友谅谋杀其首领徐寿辉，自称帝，建国号汉。

◆ **1361年　元顺帝至正二十一年**
　　三月，明玉珍称帝于四川，建国号夏。

◆ **1363年　元顺帝至正二十三年**

　　鄱阳湖大战，朱元璋与陈友谅展开决战，陈友谅败亡。张士诚发兵攻打安丰，朱元璋增援将刘福通、韩林儿从安丰救出。

◆ **1364年　元顺帝至正二十四年**

　　正月，朱元璋称吴王。

◆ **1366年　元顺帝至正二十六年**

　　八月，朱元璋传发《平周檄》，大举攻伐张士诚。

　　十二月，朱元璋将韩林儿沉溺致死，宋政权由此灭亡。

◆ **1367年　元顺帝至正二十七年**

　　九月，朱元璋攻破平江，张士诚被俘后自杀，继而命徐达大举北伐。

　　十一月，浙东台州方国珍投降朱元璋。

◆ **1368年　元顺帝至正二十八年**

　　元顺帝逃往上都建立政权，史称"北元"。明军攻入大都，元朝灭亡。

明清

明

（1368—1644年）

　　明朝是中国历史上最后一个由汉族建立的封建统一王朝。1368年，元末农民起义领袖朱元璋在应天称帝，国号"大明"。1644年，李自成的大顺军攻占北京，明崇祯帝自缢，明朝灭亡。清军入关后，南方的一些明朝旧臣拥立皇族建立了几个小朝廷（史称"南明"），至1662年，南明政权终被清军完全消灭。而在台湾的郑氏政权则继续沿用南明永历年号，直到1683年清平定台湾。明朝历经16帝，共276年。南明经4帝，历时18年。台湾郑氏政权历时21年。

◆ **1368年　明太祖洪武元年**

　　正月，朱元璋在应天府即帝位，定都应天府（今南京），国号明，朱元璋即明太祖。

◆ **1369年　明太祖洪武二年**

　　明政权建立后，将临濠作为中都；诏令全国各府、州、县皆办学；确立封建诸王之制。

◆ **1370年　明太祖洪武三年**

　　四月，徐达率部击败元将扩廓帖木儿。

◆ 1374年　　明太祖洪武七年

明初定屯田法，颁行《大明律》，并罢除市舶司，禁止大陆与外国进行海上贸易。

◆ 1375年　　明太祖洪武八年

正月，诏令各乡里设立社学。

三月，制定钞法，铸"大明宝钞"。

四月，改各都卫为都指挥使司。

◆ 1376年　　明太祖洪武九年

将行中书省改为承宣布政使司。

◆ 1378年　　明太祖洪武十一年

将南京改为京师。

◆ 1380年　　明太祖洪武十三年

左丞相胡惟庸被加以谋反罪名谋杀，株连人数达三万之多。

罢除中书省、御史台，免去御史大夫和丞相之职；将大都督府改为五军都督府。史称"胡惟庸案"。

◆ 1382年　　明太祖洪武十五年

设置锦衣卫、都察院以及殿阁大学士。

◆ 1384年　　明太祖洪武十七年

颁行科举取士程式。

◆ 1385年　　明太祖洪武十八年

三月，户部侍郎郭桓以吞盗官粮之罪遭下狱而死，牵连被诛者达上万人。

◆ 1386年　明太祖洪武十九年

　　福建僧人彭玉琳组织白莲会起事，自称晋王，不久被镇压。

◆ 1388年　明太祖洪武二十一年

　　明军抵捕鱼儿海（今贝加尔湖），俘获元皇子及妃嫔等数万人，北元主出逃。

◆ 1389年　明太祖洪武二十二年

　　在兀良哈部落设置朵颜、泰宁、福余三卫。

◆ 1391年　明太祖洪武二十四年

　　天下赋役黄册编撰完成。

◆ 1393年　明太祖洪武二十六年

　　凉国公蓝玉以谋反罪被杀，受牵连被诛者达一万五千余人。史称"蓝玉案"。

◆ 1395年　明太祖洪武二十八年

　　颁行《皇明祖训》。

◆ 1397年　明太祖洪武三十年

　　南北榜案发，明代取士分南北由此开始。

◆ 1398年　明太祖洪武三十一年

　　五月，明太祖驾崩，皇太孙朱允炆即位，朱允炆即明惠帝。

◆ 1399年　明惠帝建文元年

　　七月，燕王朱棣于北平起事，史称"靖难之役"。

◆ 1402年　明惠帝建文四年

　　六月，燕兵渡江，攻克南京。明惠帝不知所终，燕王朱棣遂称帝，朱棣即明成祖。

◆ 1403年　明成祖永乐元年

　　二月，明成祖将北平改为北京。

◆ 1405年　明成祖永乐三年

　　宦官郑和、王景弘等出使南洋，郑和下西洋由此开始。

◆ 1407年　明成祖永乐五年

　　《永乐大典》修撰完成，全书共二万二千八百七十七卷（目录占60卷），一万一千零九十五册。

◆ 1410年　明成祖永乐八年

　　明成祖亲征鞑靼本雅失里，破袭本雅失里于斡难河。

◆ 1414年　明成祖永乐十二年

　　明成祖亲率五十万步骑击破瓦剌马哈木。

◆ 1420年　明成祖永乐十八年

　　设置由宦官掌管的东厂，宦官只对皇帝负责，可随意缉查臣民。

◆ 1421年　明成祖永乐十九年

　　明成祖迁都北京，将南京作为留都。

◆ 1424年　明成祖永乐二十二年

　　明成祖第五次率大军亲征鞑靼。

◆ 1425年　明仁宗洪熙元年

　　明仁宗病逝，太子朱瞻基即位，朱瞻基即明宣宗。

◆ 1429年　明宣宗宣德四年

　　明初设钞关，按照船只大小进行收税，称之为"船料"。

◆ 1433年　明宣宗宣德八年

　　郑和第七次下西洋回朝。前后七次下西洋共历时二十五年，途经三十多个国家。

◆ 1435年　明宣宗宣德十年

　　正月，明宣宗驾崩，太子朱祁镇即位，朱祁镇即明英宗。宦官王振专权弄国。

◆ 1439年　明英宗正统四年

　　瓦剌部脱欢病逝，其子也先即位。

◆ 1441年　明英宗正统六年

　　明军发兵麓川（今云南瑞丽县及畹町镇等地区），麓川宣慰使思任发兵败溃逃。

◆ 1442年　明英宗正统七年

　　设置建州右卫，建州三卫之名由此开始。

◆ 1445年　明英宗正统十年

　　处州（今浙江丽水市）人叶宗留率众到福建开矿，遭官府禁止，遂杀官兵以反抗。

◆ 1447年　明英宗正统十二年

　　矿工、农民四聚，拥众数千，叶宗留遂号召起义，自称大王。

◆ **1448年　明英宗正统十三年**

福建沙县佃农邓茂七率众起义，称铲平王。

◆ **1449年　明英宗正统十四年**

七月，明英宗率军亲征来犯瓦剌军。

八月，明军在土木堡被瓦剌军所破，英宗被俘，明军全军覆没，史称"土木之变"。

十月，也先挟持英宗进逼京师，被于谦率军击退。

◆ **1450年　明代宗景泰元年**

明总兵官郭登、朱谦大败也先军，也先遂与明议和罢战。

◆ **1454年　明代宗景泰五年**

也先被部下杀害，瓦剌部趋于衰落。

◆ **1457年　明英宗天顺元年**

正月，乘景帝病危之机，宦官曹吉祥及其党羽石亨等迎立太上皇英宗复位，史称"夺门之变"。

◆ **1458年　明英宗天顺二年**

明英宗下诏修撰《大明一统志》。

◆ **1460年　明英宗天顺四年**

鞑靼部孛来挥师分兵南下，至雁门，京师震恐，后鞑靼退兵。

◆ **1464年　明英宗天顺八年**

正月，明英宗驾崩，太子朱见深即位，朱见深即明宪宗。

◆ 1465年　　明宪宗成化元年

　　刘通、石龙等聚荆襄流民在湖北房县起义。

◆ 1470年　　明宪宗成化六年

　　刘通旧部李原率领荆襄流民二次起义，自称太平王。

◆ 1471年　　明宪宗成化七年

　　制定漕粮长运法。

◆ 1477年　　明宪宗成化十三年

　　正月，明廷设置西厂，由太监汪直掌管。

◆ 1487年　　明宪宗成化二十三年

　　遣散两千多名传奉官。

◆ 1492年　　明孝宗弘治五年

　　废除盐商赴边纳粮之法，改为在运司纳银，领取盐引。

◆ 1505年　　明孝宗弘治十八年

　　明孝宗驾崩。太子朱厚照即位，朱厚照即明武宗。

◆ 1506年　　明武宗正德元年

　　明武宗任命刘瑾掌管司礼监之职，大太监刘瑾开始专权。

◆ 1508年　　明武宗正德三年

　　明廷设置内行厂，由刘瑾主其事。

◆ 1510年　　明武宗正德五年

　　霸州文安（今河北廊坊文安县）人刘六、刘七起义，这是明中叶所发生的规模最大的一次农民起义。

◆ 1518年　明武宗正德十三年
　　佛郎机（明朝对葡萄牙和西班牙的称谓）使者来到中国。

◆ 1519年　明武宗正德十四年
　　宁王宸濠在南昌反叛，南赣巡抚王守仁出兵征讨，继而攻陷南昌。宸濠兵败被擒。

◆ 1521年　明武宗正德十六年
　　明武宗驾崩。明武宗从弟朱厚熜即位，朱厚熜即明世宗。

◆ 1524年　明世宗嘉靖三年
　　明廷发生"大礼议"，群臣围绕立嗣问题展开旷日持久的争论。

◆ 1544年　明世宗嘉靖二十三年
　　权臣严嵩荣升为首辅。

◆ 1549年　明世宗嘉靖二十八年
　　海盗王直、陈东勾结倭寇在浙东一带活动猖獗，沿海倭患日益严重。

◆ 1551年　明世宗嘉靖三十年
　　明朝廷就应俺答汗之请，开设马市。

◆ 1555年　明世宗嘉靖三十四年
　　戚继光被调至浙江担任参将，抗击来犯倭寇。

◆ 1556年　明世宗嘉靖三十五年

　　胡宗宪奉命总督沿海军务。

◆ 1563年　明世宗嘉靖四十二年

　　戚继光、俞大猷、刘显三将在巡抚谭纶率领下大败倭寇，收复兴化失地，浙、闽一带倭患暂平。

◆ 1566年　明世宗嘉靖四十五年

　　十二月，明世宗驾崩。其子朱载垕即位，朱载垕即明穆宗。

◆ 1567年　明穆宗隆庆元年

　　张居正以殿阁大学士的身份进入内阁。

◆ 1569年　明穆宗隆庆三年

　　海瑞任右佥都御史，巡抚应天。同年，戚继光以总兵官镇守蓟州等地。

◆ 1570年　明穆宗隆庆四年

　　应天巡抚海瑞治理吴淞江、白茆河，抑制地方豪强，造福一方。后因开罪权势遭弹劾罢职。

◆ 1571年　明穆宗隆庆五年

　　戚继光负责修筑成蓟镇长城，继而又调浙兵以加强边防。

◆ 1572年　明穆宗隆庆六年

　　张居正担任首辅之职。

◆ 1573年　明神宗万历元年

　　张居正奏请推行"考成法"，以加强吏治。

◆ 1578年　明神宗万历六年
明神宗下诏丈量全国田亩，限定在三年内完成。

◆ 1581年　明神宗万历九年
张居正主持赋役制度改革，积极推行"一条鞭法"。

◆ 1583年　明神宗万历十一年
建州部爱新觉罗·努尔哈赤被封为建州左卫指挥使。

◆ 1587年　明神宗万历十五年
清官海瑞死于南京右都御史任上，当地百姓为其罢市志哀。

◆ 1588年　明神宗万历十六年
努尔哈赤统一建州五部。

◆ 1592年　明神宗万历二十年
日本关白丰臣秀吉侵略朝鲜，明发兵救援，被击溃。明提拔李如松为防海御倭总兵官。

◆ 1594年　明神宗万历二十二年
吏部郎中顾宪成遭罢免，复修无锡东林书院讲学，讲习之余，往往讽议朝政评论人物，"东林党议"由此开始。

◆ 1599年　明神宗万历二十七年
临清、沙市、武昌、汉阳等地发生暴乱。

◆ 1600年　明神宗万历二十八年
明军平定播州反叛势力杨应龙部，史称"播州之役"。

◆ 1615年　明神宗万历四十三年
努尔哈赤正式建立八旗制度。

◆ 1616年　明神宗万历四十四年
后金天命元年正月，努尔哈赤称汗于赫图阿拉（辽宁省新宾县），国号金，史称"后金"。

◆ 1618年　明神宗万历四十六年
后金天命三年，汗努尔哈赤宣"七大恨"誓师讨明，攻克抚顺、清河堡（今本溪满族自治县清河城镇境内）。

◆ 1619年　明神宗万历四十七年
萨尔浒之战，后金全歼明西路军。同年，后金灭叶赫，由此，海西女真族扈伦四部全部败亡。

◆ 1620年　明光宗泰昌元年
明神宗驾崩。太子朱常洛即位，朱常洛即明光宗。继而红丸案发，光宗死。

◆ 1621年　明熹宗天启元年
后金天命六年，后金攻陷沈阳、辽阳，进而将都城迁至辽阳。

◆ 1622年　明熹宗天启二年
白莲教首领徐鸿儒在山东聚众起义，称中兴福烈帝，旋即败亡。

◆ 1623年　明熹宗天启三年
阉党顾秉谦、魏广微入阁，魏忠贤掌管东厂。

◆ 1625年　明熹宗天启五年

魏忠贤杀害杨涟、左光斗、魏大中，掌握朝政大权。同年，后金迁都盛京（今沈阳）。

◆ 1626年　明熹宗天启六年

努尔哈赤死，其子皇太极即位，皇太极即清太宗。

◆ 1627年　明熹宗天启七年

后金天聪元年，皇太极攻打宁远、锦州，被袁崇焕击退，史称"宁锦大捷"。

◆ 1628年　明思宗崇祯元年

陕西遭遇连年大旱，王嘉胤、高迎祥等率众起义，明末农民起义爆发。

◆ 1629年　明思宗崇祯二年

后金大举攻明，袁崇焕率军迎敌。后金使反间计，袁崇焕被崇祯帝无端下狱处死。

◆ 1630年　明思宗崇祯三年

李自成率众起义，同年，张献忠在陕西米脂起义。

◆ 1633年　明思宗崇祯六年

高迎祥、李自成、张献忠等渡过黄河南下，向豫西进发。

◆ 1635年　明思宗崇祯八年

高迎祥、张献忠东进，攻破凤阳。后张献忠率众西入陕西，与李自成会合。

◆ 1636年　　明思宗崇祯九年

　　高迎祥被俘牺牲，李自成代其为"闯王"。

◆ 1638年　　明思宗崇祯十一年

　　张献忠接受明廷招降。李自成接连被明军击败，辗转商雒山中。同年，清多尔衮大举攻明。

◆ 1640年　　明思宗崇祯十三年

　　张献忠、罗汝才联合进攻四川，攻破绵州，逼近成都。李自成入河南。

◆ 1641年　　明思宗崇祯十四年

　　张献忠东进，在川东开县黄陵城攻破明军。继而攻破襄阳、光州等地。同年，李自成攻入洛阳，杀明福王朱常洵。

◆ 1643年　　明思宗崇祯十六年

　　李自成自称"奉天倡义文武大元帅"，于九月攻占汝州，击溃孙传庭，随即又攻破潼关。同年，清太宗死，子福临即位，睿亲王多尔衮摄政。

◆ 1644年　　明思宗崇祯十七年

　　李自成攻陷西安，将西安改为长安，号西京。建国号"大顺"。顺军进而北上攻占北京，明崇祯帝自缢而死，明朝灭亡。

清

（1644—1911年）

　　清朝，简称清，是中国历史上最后一个封建王朝，也是中国历史上第二个由少数民族（满族）建立并统治全国的封建王朝。1644年，清朝定都北京，以盛京为陪都。辛亥革命以后，清朝灭亡。清朝自努尔哈赤建立后金起，共历经12帝，统治全国268年。

◆ 1644年　　清世祖顺治元年

　　四月，李自成兵败山海关，山海关总兵吴三桂引清军入关。

　　五月，多尔衮率领清军进入北京，同时明福王朱由崧也在南京即帝位，史称南明弘光政权。

　　九月，福临入北京，祭太庙，是为顺治帝。拜多尔衮为摄政王。派豫亲王多铎进攻潼关，同时遣英亲王阿济格由关外进军，与李自成军队展开搏杀。

◆ 1645年　　清世祖顺治二年

　　四月，清军攻破扬州城，守将史可法临难不屈，惨遭杀害。

　　五月，清军迅速攻占南京，弘光小朝廷瓦解。

◆ **1646年　　清世祖顺治三年**

九月，明桂王朱由榔在今广东肇庆即帝位，与清军南北对峙。

明郑成功的父亲郑芝龙投降清廷，郑成功坚决反对，在东南海域起兵继续抗清。

◆ **1647年　　清世祖顺治四年**

三月，清政府组织人才制定《大清律》。

◆ **1655年　　清世祖顺治十二年**

六月，清廷在内十三衙门立下铁牌，命令太监不得干预朝政。

◆ **1657年　　清世祖顺治十四年**

十月，清朝编成《赋役全书》，并向天下颁布。顺天、江南二府发生震惊国人的科场案。

◆ **1661年　　清世祖顺治十八年**

正月，顺治帝去世，皇三子玄烨即位，这就是赫赫有名的清圣祖，改元康熙，由索尼、遏必隆、苏克萨哈、鳌拜等四大臣辅助治理国家。

十二月，吴三桂率清军进入今缅甸地区，俘获朱由榔，南明政权至此覆灭。

◆ **1669年　　清圣祖康熙八年**

清政府禁止天主教在国内传播。五月，康熙帝玄烨设计除掉擅权的鳌拜集团，国人称颂。

◆ **1673年　　清圣祖康熙十二年**

康熙帝下令撤销三藩。十二月，吴三桂首先发动叛乱，耿精忠、尚之信等随后举兵响应。

◆ **1681年　清圣祖康熙二十年**

十一月，清军攻入昆明，吴三桂之子吴世璠兵败自杀。三藩之乱平定。

◆ **1683年　清圣祖康熙二十二年**

八月，郑成功之孙郑克爽降清，次年清政府设置台湾府，隶属福建省。

◆ **1685年　清圣祖康熙二十四年**

四月，清政府宣布永久停止圈地政策。

六月，清军将沙俄侵略者驱逐出境，雅克萨城被清政府收复。

◆ **1686年　清圣祖康熙二十五年**

四月，设立广州十三行，从此，洋行制度开始实行。

◆ **1689年　清圣祖康熙二十八年**

七月，中俄签订《尼布楚条约》，划清中俄东段疆域的界线。

◆ **1696年　清圣祖康熙三十五年**

五月，清军在昭莫多地区击溃准噶尔军，历史上称为"昭莫多之战"。

◆ **1703年　清圣祖康熙四十二年**

清廷于承德修建热河行宫（即避暑山庄）。

◆ **1717年　清圣祖康熙五十六年**

准噶尔部策妄阿拉布坦派遣大策零敦多布率兵侵袭

西藏。

◆ 1723年　　清世宗雍正元年

　　八月，雍正帝暗中立储，并下诏次年推行"摊丁入地"制度。

◆ 1726年　　清世宗雍正四年

　　《古今图书集成》修撰完成。同年，云贵总督鄂尔泰奏请推行"改土归流"。

◆ 1729年　　清世宗雍正七年

　　设置军机房，后改为军机处。

◆ 1730年　　清世宗雍正八年

　　大兴文字狱。

◆ 1735年　　清世宗雍正十三年

　　八月，雍正帝驾崩，皇四子弘历继位，弘历即清高宗，改元乾隆。

◆ 1754年　　清高宗乾隆十九年

　　三月，准噶尔部阿睦尔撒纳率部归降于清。

◆ 1757年　　清高宗乾隆二十二年

　　大小和卓叛乱，清廷派遣兆惠进剿。两年后平定天山南北路。

◆ 1761年　　清高宗乾隆二十六年

　　文字狱迭起。

◆ 1762年　　清高宗乾隆二十七年

　　清设置"伊犁将军"，统辖新疆南北两路军政事务。

《四库全书》书影

◆ 1773年　清高宗乾隆三十八年

　　清开设《四库全书》馆。

◆ 1782年　清高宗乾隆四十七年

　　第一部《四库全书》修撰完成。

◆ 1793年　清高宗乾隆五十八年

　　六月，英国马戛尔尼使团来华，抵达大沽。

　　八月，乾隆皇帝于热河行宫接见英国使节，并接受其"贡品"。

◆ 1799年　清仁宗嘉庆四年

　　正月，乾隆帝驾崩，颙琰开始亲理国政，扳倒大贪官和珅，抄没其巨额家产。

◆ 1813年　清仁宗嘉庆十八年

　　九月，天理教教徒发动起义。林清率领义军占领紫禁城，但很快被镇压。

◆ 1820年 　清仁宗嘉庆二十五年

嘉庆帝驾崩，皇次子旻宁即位，改元道光。旻宁即道光皇帝。同年，在浩罕（今中亚地区）封建统治者与英国殖民者的共同支持下，大和卓之孙张格尔秘密潜入新疆南疆地区发动叛乱。

◆ 1839年 　清宣宗道光十九年

林则徐广州禁烟，将被收缴的鸦片在虎门海滩全部销毁。

◆ 1840年 　清宣宗道光二十年

鸦片战争爆发。清政府派遣钦差大臣琦善赴广州与英殖民者谈判。

◆ 1841年 　清宣宗道光二十一年

一月，清政府下诏宣战。

二月，英军占领虎门炮台。

四月，英军攻打广州城，把持广东军务的奕山开城投降英军并与之签订《广州和约》。

七月，英舰队北上，相继攻陷厦门、镇海、宁波等沿海城市。

◆ 1842年 　清宣宗道光二十二年

五月，英军攻占吴淞炮台，英国舰队驶入长江。后又攻破镇江。

七月，英军长驱直入南京江面。清政府被迫签订丧权辱国的《南京条约》。

◆ **1843年　清宣宗道光二十三年**

八月，清政府与英殖民者在虎门签订《虎门条约》。

◆ **1844年　清宣宗道光二十四年**

清政府先后被迫签订中美《望厦条约》、中法《黄埔条约》。

◆ **1845年　清宣宗道光二十五年**

十一月，英国驻上海领事馆与上海道台订立《上海租地章程》，开启外国侵略者在中国设立租借的先河。

◆ **1850年　清宣宗道光三十年**

一月，道光帝驾崩，皇四子奕詝登基即位，改元咸丰。

十二月，太平天国金田起义爆发。

◆ **1851年　清文宗咸丰元年**

八月，太平军攻占永安。

十月，分封诸王，正式建制。

◆ **1852年　清文宗咸丰二年**

太平军从永安突围，击败清军向荣、乌兰泰部。后接连攻入全州，占领汉阳、汉口，攻克武昌。同年，清廷诏令籍礼部侍郎曾国藩主持湖南团练。

◆ **1853年　清文宗咸丰三年**

二月，太平军顺长江东下，攻占南京并在此定都，改名天京。

冬，太平天国颁布《天朝田亩制度》。

◆ 1854年　　清文宗咸丰四年

十二月，太平军取得湖口大捷，重创曾国藩的湘军水师。

◆ 1855年　　清文宗咸丰五年

太平军由林凤祥、李开芳率领进行北伐，遭遇失败，两主将战亡。

◆ 1856年　　清文宗咸丰六年

二月，太平军击败江北营统帅托明阿部。

五月，太平军击败江南大营。

八月，天京事变。韦昌辉、杨秀清死于内变。

十月，翼王石达开返回天京主持政务。

◆ 1857年　　清文宗咸丰七年

五月，石达开受天王起疑忌，惧祸而率十万精兵从天京出走。

十一月，英法联军占领广州。

◆ 1858年　　清文宗咸丰八年

四月，英法联军攻陷大沽炮台；沙俄胁迫清政府签订《瑷珲条约》。

五月，第二次鸦片战争以中国战败而结束，清朝廷被迫于1858年先后与俄、美、英、法签订《天津条约》。

八月，天平军将领陈玉成第二次击破清军江北大营。

◆ 1859年　　清文宗咸丰九年

冬，太平天国干王洪仁玕著《资政新篇》并得以颁行。

◆ 1860年　　清文宗咸丰十年

三月，太平军第二次破江南大营。清政府联合美国人华尔组织的"洋枪队"，进剿太平军。

八月，英法联军攻陷北京，火烧圆明园。

九月，清政府被迫与英、法、俄分别签订《北京条约》。

十二月，清政府为办洋务及外交事务而特设"总理各国事务衙门"。

◆ 1861年　　清文宗咸丰十一年

八月，咸丰帝在热河去世，皇长子载淳即位，年号祺祥，是为同治帝。

十一月，慈禧太后发动"辛酉政变"，改元同治，开始垂帘听政。同年，曾国藩创办安庆内军械所，李鸿章创办江南制造总局，洋务运动由此拉开序幕。

◆ 1862年　　清穆宗同治元年

清政府在总理各国事务衙门之下设立同文馆。同年，太平天国展开"天京保卫战"。

◆ 1864年　　清穆宗同治三年

天京陷落，太平天国起义失败。

◆ 1865年　　清穆宗同治四年

清政府调派曾国藩督湘军、淮军镇压捻军。同年，中亚浩罕汗国军事头目阿古柏侵袭新疆。

◆ 1866年　　清穆宗同治五年

李鸿章接替曾国藩任钦差大臣，督师"剿捻"。同年，左宗棠在福建马尾创办福州船政局。

◆ 1868年　清穆宗同治七年
　　六月，蒲安臣代表清政府赴华盛顿与美国订立《蒲安臣条约》。
　　八月，捻军全军覆没，起义失败。

◆ 1871年　清穆宗同治十年
　　沙俄侵略军以"代收代守"为名，出兵侵占伊犁九城。

◆ 1872年　清穆宗同治十一年
　　李鸿章奏请在上海试办轮船招商局，侨商陈启源在广东南海县创办继昌隆缫丝局，中国民族资本主义近代工业拉开序幕。

◆ 1874年　清穆宗同治十三年
　　十二月，同治帝驾崩，醇亲王奕譞之子载湉继位，载湉即清德宗，改元光绪。慈禧太后再度垂帘听政。

◆ 1875年　清德宗光绪元年
　　左宗棠以64岁的高龄被委以钦差大臣之职，督办新疆军务。
　　英国入侵云南，"马嘉理事件"爆发。

◆ 1876年　清德宗光绪二年
　　左宗棠指挥多路清军讨伐阿古柏，收复乌鲁木齐，平定天山北部。同年，英国借口"马嘉理事件"强迫清政府订立《烟台条约》。

◆ **1877年　清德宗光绪三年**

清军攻南疆，击败阿古柏余部，收复除伊犁地区外的新疆全部领土。同年，李鸿章、唐廷枢创办开平矿务局。

◆ **1880年　清德宗光绪六年**

李鸿章奏请创办天津北洋水师学堂，建设南北两洋电报。

◆ **1883年　清德宗光绪九年**

中法战争爆发。法军侵占越南河内、南定，刘永福率黑旗军援越抗法。黑旗军在河内城西的纸桥大败法军，击毙法军司令李维业中校。

◆ **1884年　清德宗光绪十年**

五月，法国远东舰队司令孤拔率舰队突然袭击福建马尾港，福州水师覆没。

七月，清廷下诏对法宣战。法国舰队占领台湾基隆炮台，掌握台湾海峡的制海权。

◆ **1885年　清德宗光绪十一年**

四月，清政府被迫签订《中法新约》。中法战争结束。

◆ **1886年　清德宗光绪十二年**

英军越过藏属锡金侵略西藏。

◆ **1888年　清德宗光绪十四年**

清政府组建拥有二十五艘舰船的北洋海军，任丁汝昌为提督，林泰曾、刘步蟾为左右翼总兵。

◆ 1889年　　清德宗光绪十五年

　　二月，光绪帝载湉亲政。

　　十一月，李鸿章创办的上海机器织布局投产。

◆ 1890年　　清德宗光绪十六年

　　张之洞投巨资创办汉阳铁厂。

◆ 1894年　　清德宗光绪二十年

　　中日甲午战争爆发。同年，孙中山在檀香山创立兴中会，提出"驱逐鞑虏，恢复中华，创立合众政府"的革命纲领。

◆ 1895年　　清德宗光绪二十一年

　　一月，日军攻占威海卫，北洋海军全军覆没。

　　三月，中日签订《马关条约》。康有为组织"公车上书"。

◆ 1897年　　清德宗光绪二十三年

　　德国侵占山东胶州湾，沙俄发兵攻占旅顺、大连。

◆ 1898年　　清德宗光绪二十四年

　　四月，光绪帝下"明定国是"诏书，"戊戌变法"开始。

　　八月，戊戌六君子被害。"百日维新"以失败告终。

◆ 1899年　　清德宗光绪二十五年

　　八月，美国向英、俄、日、意、法、德六国政府提出在中国实行所谓"门户开放"、贸易机会均等的政策。同年，山东义和拳首领朱红灯率部在平原县起义。

◆ 1900年　　清德宗光绪二十六年

八国联军占领大沽炮台，天津、北京相继陷落。慈禧挟光绪帝仓皇出逃。

◆ 1901年　　清德宗光绪二十七年

七月，清政府被迫签订丧权辱国的《辛丑条约》。

◆ 1902年　　清德宗光绪二十八年

梁启超在日本横滨创办《新民丛报》，宣传保皇思想。

◆ 1903年　　清德宗光绪二十九年

十二月，日俄战争爆发。

◆ 1904年　　清德宗光绪三十年

蔡元培、陶成章等在上海组织革命团体光复会。

◆ 1905年　　清德宗光绪三十一年

清政府下诏废除科举考试制度。同年，同盟会在东京成立，召开大会并选举孙中山为总理。

◆ 1906年　　清德宗光绪三十二年

清廷下诏宣布推行"预备仿行宪政"（即预备立宪）。同年，萍浏醴起义，旋即失败。

◆ 1907年　　清德宗光绪三十三年

徐锡麟在安庆击毙安徽巡抚恩铭，发动起义，后被清军镇压，入狱被杀。秋瑾在绍兴领导浙东起义军响应徐锡麟，失败被杀。

◆ 1908年　　清德宗光绪三十四年

　　光绪帝驾崩，醇亲王奕譞之孙溥仪继位，溥仪即清末代宣统皇帝。摄政王载沣监国。

◆ 1909年　　清溥仪宣统元年

　　十六省咨议局代表在上海开会成立"国会请愿同志会"。

◆ 1910年　　清溥仪宣统二年

　　国会请愿运动迫使清政府将原定九年的预备立宪期缩短为三年。同年，光复会在日本成立，总部设在东京。

◆ 1911年　　清溥仪宣统三年

　　三月，广州黄花岗起义失败。

　　十月，武昌起义，各省纷纷响应，"辛亥革命"爆发。次年，清帝溥仪宣布退位，清王朝在革命的浪潮中退出历史舞台。

书 目